电力现货市场导论：
信息驱动增长的交易策略与盈利模式

叶青　钟海旺　杨素　王剑晓　著

机械工业出版社

本书通过对电力现货市场进行多维度的分析研究，帮助上下游企业及各市场主体全面认知与把握电力市场信息资源，挖掘其中蕴藏的价值，为各类企业在电力现货市场中制定交易策略提供指导，使众多主体获取更多的经营收益。

　　在电力现货市场交易运营过程中，无论是大型企业，还是小微企业，都将从本书提出的关于电力市场信息的方法、工具和技术中受益，优化电力交易决策水平，制定成功的商业模式，在电力现货市场中持续提升竞争能力，实现信息驱动交易业务不断增长。

　　本书广泛适用于电网企业、发电企业、售电公司、广大电力用户及电力投资者等上下游企业及各市场主体，可供政府相关部门、科研机构、咨询机构中关心电力行业、电力市场的人群和高等院校师生阅读与参考。

图书在版编目（CIP）数据

电力现货市场导论：信息驱动增长的交易策略与盈利模式/叶青等著. —北京：机械工业出版社，2021.9（2025.5 重印）
ISBN 978-7-111-68912-6

Ⅰ.①电…　Ⅱ.①叶…　Ⅲ.①电力市场–研究–中国
Ⅳ.①F426.61

中国版本图书馆 CIP 数据核字（2021）第 162482 号

机械工业出版社（北京市百万庄大街 22 号　邮政编码 100037）
策划编辑：杨　琼　责任编辑：杨　琼
责任校对：孙莉萍　封面设计：马精明
责任印制：邺　敏
中煤（北京）印务有限公司印刷
2025 年 5 月第 1 版第 5 次印刷
169mm×239mm · 14.75 印张 · 2 插页 · 215 千字
标准书号：ISBN 978-7-111-68912-6
定价：99.00 元

电话服务　　　　　　　　　　　网络服务
客服电话：010-88361066　　　机　工　官　网：www.cmpbook.com
　　　　　010-88379833　　　机　工　官　博：weibo.com/cmp1952
　　　　　010-68326294　　　金　书　网：www.golden-book.com
封底无防伪标均为盗版　　　机工教育服务网：www.cmpedu.com

前　言

　　在电力现货市场中，尽管上下游企业及各市场主体已经集聚了大量的信息，但是往往被各自分别存放。这些信息如果能够有机地组织起来，并加以充分利用，必将迸发极大的能量。除了上下游企业及各市场主体在使用自身数据方面的大幅增长之外，对外部数据（政府来源以及来自外部提供方等）的获取与使用也将激增。某些精明的企业已经预见到这种趋势。

　　拥有电力市场信息固然令人振奋，但这并不总意味着这些信息具有实用性。从商业角度来看，若要真正地发挥其实用性，电力市场信息还必须满足某些特定的商业需求，这样才有可能帮助广大上下游企业及各市场主体在电力现货市场中制定交易策略，构建盈利模式，从而实现战略目标，创造价值。本书的写作目的在于引导读者认知电力现货市场及信息的价值，积极参与电力现货市场竞争，成为电力现货市场竞争中的胜者。

　　电力市场信息正在以前所未有的速度影响着电力现货市场以及电力行业的工作方式，我们已经开启一段令人无比激动的精彩旅程。在电力现货市场中，丰富多样的电力市场信息必将逐渐改变众多企业的商业模式，而且在未来几年对于众多企业而言越来越重要。大数据和物联网的迅速扩张，以及信息分析方法的快速发展，必将不断提升信息在企业各个层面的重要性。

　　电力市场信息及其带来的效应，必然会影响到电力现货市场中的每个企业，无论是大型企业还是小微企业概不例外，并将从内部和外部同时改造企业交易运营的商业模式。不管身处哪个细分领域，也不管企业规模如何，随着信息收集、分析等技术的成熟和普及，任何企业都无法规避它们的影响。

对于电力市场信息的认识，目前尚且停留在较为肤浅的层次。更多关注的只是信息量，而不是电力市场信息所带来的众多机会。我们在本书中从各个维度谈论"电力市场信息"这个概念，希望能够引导各类企业在电力现货市场中将这些电力市场信息成功地为己所用，发挥其价值。

2020 年 11 月，国家能源局印发了《电力现货市场信息披露办法（暂行）》（国能发监管〔2020〕56 号）。电力市场信息将在电力现货市场中给众多企业带来深刻影响，提高交易决策水平，改进商业模式。上下游企业及各市场主体能够收集到更为丰富的市场及客户信息。随着信息量的持续增加，各类企业能够更多地了解客户的需求，有助于提高运营效率，改善运营质量。

在电力现货市场运营实践中，上下游企业及各市场主体拥有海量的信息资源，妥善处理相关事务并非易事。使用计算机系统进行电力现货市场交易的速度要远远超过人脑，还可以通过计算机系统预测市场反应，并为交易者提供电力现货市场交易建议。毋庸置疑，指导电力现货市场决策制定已成为众多企业最为常见的信息使用方式。在大多数企业中，决策往往都是企业运用电力市场信息的最佳起点。因此，大多数企业首先从决策开始，并在此过程中获得和积累信息，借此优化电力现货市场运营，从而将电力市场信息资源视为一种潜在的资产。

对于绝大多数企业而言，提高电力现货市场决策质量是它们的共同目标，这也是所有上下游企业及各市场主体都在追求的目标。无论是筹划更好地了解市场，还是筹划开发新的交易品种、增加收入，或是定位新客户，必然都需要做出更高质量、更为合理的业务决策。电力市场信息资源则为广大上下游企业及各市场主体做出这些决策提供了坚实的支持。

电力市场信息资源应当成为所有上下游企业及各市场主体交易决策的核心，帮助它们回答一些电力现货市场运营的关键性问题。

使用电力市场信息，几乎可以优化上下游企业及各市场主体运营的每个方面。不管是改善电力现货市场交易过程，还是优化电力现货市场交易模式、定位理想的交易对象、快速监测失信行为或是其他能帮助实现战略目标的行为，电力市场信息都可以成为得力的助手。

电力市场信息正在逐渐改变电力现货市场交易运营方式。视电力市场信息为战略资产的上下游企业及各市场主体能够更好地生存发展。本书即为上下游企业及各市场主体创建一个强大的电力现货市场信息战略的必读指南。

随着新能源技术的发展和电力交易形式的日益丰富，更多的主体不断涌现，如电动汽车销售商、充电桩服务商、客户侧电力工程服务商、能源数据服务商、电力金融交易商等。通过获取电力数据和行业资讯、政策等信息，这些主体能够在电力现货市场中发现新的市场机会，持续优化自身的交易运营。

为了助力实现"碳达峰、碳中和"目标，应当打造适应新型电力系统的电力现货市场机制，提升新能源消纳能力，促进新能源交易规模的不断拓展。

电力现货市场建设刚刚起步，面临着诸多全新的问题，需要认真细致地探讨和解决这些问题。本书重点从信息的视角，提出了适用于广大上下游企业和市场主体在管理模式、运营机制等方面的实施方案，从而指导广大上下游企业和市场主体适应电力现货市场快速变化的需求，更好地参与电力现货市场交易。

本书的撰写得益于国内外电力市场交易工作实践经验和研究成果，从信息披露及管理、市场服务等相关课题项目的研究探讨中，吸取了很多经验，积累了众多素材，获得了具有借鉴意义的启示。

作者开展了国外电力现货市场信息披露研究，梳理美国 PJM 电力市场、英国电力市场、北欧电力市场、澳大利亚电力市场信息披露情况，多次组织召开研讨会，进行对比分析，结合我国电力市场的实际情况，研究信息披露的方式、内容及时间要求。

本书在深入研究电力市场及其信息的基本理论之上，对电力现货市场做了大量的调查分析，并结合国内现状，做出了一些探索性的工作，论述了电力现货市场试点实践的相关情况及其交易运营相关环节，并对其发展趋势进行了前瞻。

　　本书的撰写得到了很多电力市场专家的支持，也参阅了相关文献资料，在此我们一并表示感谢！

　　感谢国家电网有限公司的各位领导及同事，感谢武亚光、李增彬、白江红、严宇等同志长久以来的指导与帮助。

　　感谢中国电力科学研究院、国网电力科学研究院、国网能源研究院等科研院所的相关同志，包括但不限于杨争林、方印、陈珂宁、李景、郑亚先等。

　　感谢电力足球爱好者联盟（创建于 2015 年 7 月，由 80 多家电力行业单位足球爱好者组成）的球友们，我们共同拓展行业视野，交流爱好心得，组织开展了"数字智能时代：电力能源行业的新生态与大趋势研讨会""售电市场暨储能商业模式研讨会"等多次活动。感谢球友们的精彩演讲，倾心奉献自身的经验和思想，包括但不限于：柴纪强（青岛海尔能源动力有限公司总经理）、汪洋（北京清能互联科技有限公司 CEO）、王永利（华北电力大学能源互联网研究中心副主任）、贺清（国核电力规划设计研究院大数据中心主任工程师）、姜庆国（中国能源研究会中小配电企业发展战略研究中心副秘书长）、孙祥栋（北京化工大学经管学院院长助理、专硕中心主任）、陈彪（中国科学院电工研究所研究员）、王中（北京鑫泰能源股份有限公司总经理）、牟镠峰（北京睿能世纪科技有限公司 CEO）等。

　　在历次组织活动期间，作者与筹备组组长徐立政（北京北大纵横管理咨询集团高级合伙人、电力行业咨询中心总经理）、姜益平（是为（北京）能源科技有限公司董事长）、崔国雄（北京普瑞能泰科技发展有限公司创始人）、郭曙祥（山东汉云信安网络科技有限公司总经理）、贾天琦（清华大学学生新能源协会会长）、高睿（清华大学电机系研究生会主席）等的多次沟通交流，包括前期的酝酿与后期的进一步交流互动，激发了更多关于本书新的设想。

　　感谢历次活动特邀参加的朋友们，分享各自的真知灼见与行业经验，包括但不限于：

　　张罗平（清华大学能源互联网创新研究院研究员）

杜宏（北京智中储能科技有限公司总经理）

李艳春（大唐京津冀能源营销有限公司总经理）

阎岩（河钢集团售电有限公司运营总监）

翟翎（天津市泽欣电力科技有限公司副总经理）

张君（北京送变电有限公司售电分公司经理）

汪大春（北京泓慧国际能源技术发展有限公司常务副总裁）

柴瑞松（北京昆兰新能源技术有限公司储能系统事业部总经理）

刘坚（国家发改委能源研究所研究员）

唐西胜（中国科学院电工研究所研究员）

通过历次活动的开展，更加坚定了作者完成本书的决心。其间触发的一些思路，均在本书相关章节中予以反映。

作者曾组织发电企业、售电公司、电力用户等众多单位召开多次讨论会，感谢以下人员提出的宝贵意见与建议，包括但不限于：

国家电力投资集团有限公司　张广宏、查振旺

中国长江三峡集团公司　马历

中国核工业集团有限公司　周士林、敖泽闽

中国核能电力股份有限公司　李永成

雅砻江流域水电开发有限公司　刘治理、岳剑峰、王文斌

宁夏枣泉发电有限责任公司　张君祥

江苏海澜电力有限公司　陈炯

北京融和晟源售电有限公司　赵晓东

长城汽车股份有限公司　郭斌

青岛海尔能源动力有限公司　邵凯

作者组织协同相关电力交易机构专业人员，结合信息披露及管理的工作实践经验，围绕信息披露规则进行了大量的前期研究，并起草了相关办法。感谢以下人员的全力支持与配合，包括但不限于：

首都电力交易中心　王海英、周哲

天津电力交易中心　　陈文福

冀北电力交易中心　　韦仲康、崔正湃

山西电力交易中心　　陈广娟、弓建华、谢毅

山东电力交易中心　　康延平、张天宝、杜鹏程

江苏电力交易中心　　赵彤

福建电力交易中心　　杨首晖、林芬

河南电力交易中心　　程鹏

江西电力交易中心　　刘敏

四川电力交易中心　　钟茜、彭丽霖

重庆电力交易中心　　张文哲

吉林电力交易中心　　刘乐

甘肃电力交易中心　　伏红军

新疆电力交易中心　　马成林

书中谈到了各类企业的诸多案例。这些案例生动翔实，彰显了电力现货市场信息战略对于企业的重要性，有助于读者在电力现货市场中提升企业价值，帮助他们在纷繁复杂的电力生态世界中乘风破浪，不断前行。

在当前竞争日趋激烈的电力现货市场环境中，本书绘制了一张探索、发掘电力市场信息资源价值的清晰、简明而且令人振奋的路线图。叶青负责全书的统稿，并负责第一章、第三章、第十章、第十一章的撰写；钟海旺负责第七章、第九章的撰写；杨素负责第五章、第八章的撰写；王剑晓负责第二章、第四章、第六章的撰写。

本书既是读者了解电力现货市场交易运营各个方面的参考手册，也是帮助众多企业利用电力市场信息在电力现货市场中创造价值的指南。本书力图通过专业化解读，为广大上下游企业及各市场主体在电力现货市场中利用电力市场信息资源塑造未来助一臂之力。

希望本书能够帮助读者更好地了解电力现货市场业务发展的思路和趋势，掌握电力现货市场的业务内容，不断提高业务水平，从而开创出一条具有中国

特色的电力现货市场发展之路。希望本书能够为我国电力现货市场的建设和发展贡献绵薄之力。

　　由于作者时间紧促，水平所限，书中难免存在不足之处，敬请读者批评指正。

叶青

2021 年 6 月 20 日

致　谢

　　能够对电力现货市场进行实践探索与深度研究，与政府机构、众多企业开展持续、广泛的交流，协助广大上下游企业及各市场主体以更便捷、高效的新方法使用电力市场信息创造价值，我感到非常兴奋与自豪。

　　感谢很多曾经帮助过我的人，感谢各电力交易中心的领导、同仁，感谢诸多企业中与我合作共事的优秀人士，感谢清华大学众多师友长久以来的关爱与支持。感谢钟海旺、杨素、王剑晓三位作者，以及机械工业出版社的全力支持。一部书稿从酝酿想法到出版面世，必然充满了艰辛与挑战。写作就是无数个星夜在书房的孤守与静思，感谢家人们的默默支持与全心包容！

叶青

　　电力现货市场是电力市场建设的关键一环，市场成员在纷繁复杂、瞬息万变的市场环境中，如何利用有效的信息，在激烈的市场竞争中科学决策、精当施策，是广大市场成员关心的关键问题。这就要求市场成员对电力现货市场及信息在市场中发挥的作用和价值有入木三分的理解。在写作过程中，我深感"理论与实践结合"的重要性，通过对国内外情况的调研，更加深刻认识到信息驱动创造的价值。在繁重的科研任务之余，我能够完成书稿相关章节的撰写工作，离不开家人、朋友、研究生的帮助。本书在写作过程中得到了本书倡导者——北京电力交易中心叶青的大力指导，其搭建了书稿的核心框架，是写作团队的核心；同时感谢张广伦、陈连福、刘宇尘等的鼎力帮助。特此致谢！

钟海旺

自 2012 年参加工作以来，我一直从事电力市场方面的研究工作。工作初期我总在困惑，我国的电力市场何时才能正式启动，何时才能学以致用。没想到 2015 年《关于进一步深化电力体制改革的若干意见》（中发〔2015〕9 号）下发后，我国的电力市场建设瞬间启动，进行得如火如荼。国内外电力市场相关学者就我国电力市场建设展开了广泛热烈的讨论，真可谓风云际会。感觉自己何其幸运，刚工作就赶上了电力行业如此重大的变革，每天都在见证历史。

电力现货市场对我们每个人都是新的，无论是对于研究者、发电企业、用户，还是对于新成立的售电主体。我们看着它一点一点成长壮大，同时又会担心以后该如何和它相处，如何在市场中生存和获利。当然，市场信息是最关键的因素之一。本书从信息的角度来阐述和理解电力现货市场，希望能给大家带来一点帮助，共同推动市场健康成长。

感谢成书阶段给我提供调研机会的发电、售电领域的专家朋友，感谢其他几位作者对我的帮助！感谢我的家人在我写书阶段对我的支持。谢谢！

杨素

信息披露是电力现货市场的关键环节，是实现电力市场有序竞争的重要基础。挖掘多元市场主体的信息需求，探索助力信息资产价值变现的增值服务和商业模式，将为企业和用户的运营管理和科学决策提供参考依据，推动我国电力和能源体制改革与数字化转型。本书相关章节的撰写工作获得了科研院校和企业部门诸多专家的帮助，在此感谢清华大学夏清教授、康重庆教授、于洋老师，华北电力大学李庚银教授、周明教授的支持。同时，还要感谢武昭原、陈修鹏、张天策等研究生的帮助。特别感谢北京电力交易中心叶青在相关章节写作过程中的大力指导和细心修改。由于相关工作涉猎范围广，本人水平有限，相关内容可能存在不妥之处，恳请各位读者批评指正。特此致谢！

王剑晓

作者简介

叶青，现于北京电力交易中心工作，正高级工程师，清华大学电力市场专业硕士。2008～2010年，于中央财经大学进修经济学与金融学。曾在国家电网公司从事电力调度、交易、营销等工作，有逾20年电力企业工作经历。自2006年国家电网公司成立电力交易中心以来，于交易机构工作至今已15年。自2000年起，开始进行电力市场研究相关工作。曾以第一作者在国际学术会议及国内刊物发表12篇专业论文，主持或参与30多项国家电网省公司级以上科研项目，参与多项国家电力市场相关政策和交易规则研讨与制订工作。独著两部专著已正式出版：所著的《东方的复兴：电力市场交易通论》于2015年由中央编译出版社正式出版；所著的《售电公司：交易运营原理及实践》于2019年由中国电力出版社正式出版。

钟海旺，清华大学副教授，博士生导师，IEEE高级会员，入选第三届中国科协青年人才托举工程。研究方向为电力市场、电网运行与规划、需求响应等。发表SCI收录论文60余篇，合作出版英文专著1部。主持国家自然科学基金2项、北京市自然科学基金1项；承担国家863项目、科技支撑项目、国家重点研发计划项目、国家自然科学基金重点项目、国家自然科学基金委员会-国网联合重点项目各1项。获德国洪堡基金会等联合授予的亚太青年科学家奖，获省部级一等奖2项，中国电力科学技术一等奖1项，中国专利优秀奖1项。

杨素，博士，正高级工程师。毕业于清华大学电机系，师从卢强院士。国网能源研究院有限公司企业战略研究所改革与市场研究室专家。长期从事电力市场、电力体制改革、电力行业节能减排等领域研究。曾作为负责人承担了50 多项国家电网有限公司重大科技项目、重大战略课题、管理咨询项目等的研究与管理工作，项目内容涉及售电侧改革、大用户直接交易、增量配电业务放开、现货市场等领域，具有丰富的理论、技术和实践经验。

王剑晓，2014 年获清华大学工学学士、经济管理第二学士学位，2019 年获清华大学工学博士学位，现任华北电力大学讲师，IET Renewable Power Generation 编委。长期从事电力能源与信息领域研究，已发表学术论文 70 余篇，作为独立第一作者发表《自然·通讯》研究论文，申请国家发明专利 10 余项，主持并参与多项国家自然科学基金、国家电网科技项目等。曾获 Elsevier 和国际太阳能学会颁发的可再生转型十佳奖、第 22 届全国发明展览会金奖等，入选北京市优秀青年人才、中国能源研究会优秀青年能源科技工作者、中国科协高端科技创新智库青年。

目　录

第一章

绪 论

对于广大上下游企业及各市场主体而言，在电力现货市场中决定如何经营企业、创造收入以及整个组织如何做出交易决策，电力市场信息将是至为重要的基础。在"碳达峰、碳中和"的目标下，企业的竞争力将会越来越多地取决于电力市场信息应用分析及新技术实施。电力市场信息转化为商业价值的能力将发挥越来越重要的作用。

在电力现货市场中，除了市场运营机构披露的信息，以及市场主体自身信息的大幅增长之外，政府来源以及来自其他外部提供渠道等信息的使用也将大幅激增。电力市场信息的显著增加，以及分析方法的快速发展，必将不断提升电力市场信息在上下游企业及各市场主体运营管理各个层面的重要性。

电力市场信息将彻底改变广大上下游企业及各市场主体的交易运营模式，尤其在未来几年将越来越显现其价值。电力市场信息能够帮助众多企业做出更为明智的交易决策，制定成功的商业模式。电力市场信息将成为在电力现货市场中获得竞争优势的关键。

第一节　电力现货市场的推进

我国新一轮电力体制改革以中共中央、国务院在 2015 年颁发的《关于进一步深化电力体制改革的若干意见》（中发〔2015〕9 号）（以下简称"中发 9

号文"）为标志，提出了"三放开、一独立、三强化"的电力市场建设方向，旨在按照"管住中间、放开两头"的要求，大力推动以市场化交易为中心，有序放开竞争性业务和竞争性环节电价，加强政府对自然垄断环节监管，优化电力资源配置，还原电力商品属性，拓宽社会投资渠道，改善供电服务质量，形成主要由市场决定电价的机制，构建有效竞争电力市场体系。

随着电力市场建设的展开，输配电价改革、电力交易机构组建、市场化交易比重大幅提高、现货试点电力市场建设等重点内容在若干省（区）取得重要突破。

电力交易机构的组建，搭建了公平规范的交易平台，有力地支撑了我国电力市场化交易的开展。市场主体的市场意识不断加强，售电公司的引入推动我国电力市场形成了多买多卖的格局。2020 年，在全国统一电力市场交易平台的市场主体注册数量接近 20 万。

为进一步推动电力市场体系的建设，2017 年 8 月 31 日，国家发改委、国家能源局发布《关于开展电力现货市场建设试点工作的通知》，选择南方（以广东起步）、蒙西、浙江、山西、山东、福建、四川、甘肃八个地区作为第一批电力现货市场改革试点。八个试点地区结合自身的实际情况编制市场规则与开发技术支持系统，于 2019 年 6 月底前全部投入现货市场模拟试运行。

作为电力现货市场建设的排头兵，八个试点地区的市场模式选择、市场规则设计等内容将直接为后续我国电力体制改革的推进提供典型的参考样板。

南方（以广东起步）市场构建了"全电量竞争+差价合约"的市场模式；浙江以 90%的政府授权合约确保市场平稳起步。首批现货试点省区均已开展试运行结算，市场建设取得一定成效。八个现货试点地区实施路径、规则彼此不同，市场建设各具特色，在电能量市场、辅助服务市场等多个方面取得阶段性成就。

2021 年 4 月 26 日，国家发改委、国家能源局印发《关于进一步做好电力现货市场建设试点工作的通知》（发改办体改〔2021〕339 号），加快完善电力市场体系，在第一批八个电力现货市场建设试点的基础上，进一步做好现货试点的相关工作。要求第一批现货试点地区有序开展现货试点结算试运行；选择辽宁、上海、江苏、安徽、河南、湖北作为第二批现货试点；支持开展南方区域电力市场试点，加快研究京津冀电力现货市场建设、长三角区域电力市场建设的具体方案。要求加大现货市场信息披露力度。各地区应严格按照《电力现货市场信息披露办法（暂行）》（国能发监管〔2020〕56号）的要求，加快制定本地区实施细则，明确时间表和路线图，进一步细化实施方案并加快推动技术支持系统建设，及时、规范、准确地披露各项市场相关信息。

根据市场发展需要逐步开设容量市场、输电权交易、金融衍生品交易等。允许分布式能源、微电网、虚拟电厂（VPP）、电动汽车、储能、交互式用能等多元化新型小微市场主体广泛接入，逐步扩大参与市场交易的数量和规模，探索以用户为中心的综合能源服务模式。各省相继印发本地市场规则。各地市场化交易密集开展，形成了多周期、多品种的交易体系。

第二节　挑战与机遇

在电力现货市场中，无论大型集团或小规模公司，跨国公司或本土公司，高科技公司或传统企业，电力市场信息都可以帮助企业制定更为合理的交易决策，给拓展业务带来独特而强大的洞察力。

广大上下游企业及各市场主体的信息技能处于严重的供不应求状态，尤其是在大数据和新兴技术、人工智能和预测分析等应用领域。随着越来越多的企业希望在电力现货市场中利用信息的力量，对信息分析专业能力的需求日益增长。但是，上下游企业及各市场主体在信息处理方面受过正规培训的人员数量并不能满足需求。这就给那些试图利用信息能力的企业提出了挑战。在信息能力需求居高不下的情况下，众多企业却很难吸引到优秀人才，尤其是那些在工资和福利上无法与大型企业抗衡的中小企业。这个问题是众多企业都要面对的挑战，更多具有创意的解决方案也会因此层出不穷。

在电力现货市场中，名副其实的信息分析师不仅要深谙数据和计算机科学方面的知识，还要具备某些关键性的业务能力和分析能力。考虑到打造各种能力的完美结合并不现实，因此，以适用于企业自身的创造性方式将各种技能结合起来，或许更有意义。

迄今为止，在没有对基础设施进行大幅投资的情况下，上下游企业及各市场主体还很难应对电力现货市场种类繁多、规模庞大的信息。随着信息供应商市场的不断发展，即便是最小规模的企业也能轻松利用外部的数据集、资源等。而类似于云计算和分布式存储这样的技术进步，也为各类企业利用信息开辟了新的空间，让它们在无须大规模投资于有形数据存储的情况下发挥信息的威力。

大多数企业都拥有一部分现成的信息基础架构，有些可能已经发挥了一些作用，但是对现有的基础架构进行更新和补充是必不可少的。

电力现货市场建设持续推进，市场规则不断改进，交易品种日益丰富。电力现货市场信息披露内容涵盖面更广，时效性更强，由年度、季度、月度延展至日、实时信息。市场主体指数级迅疾增长，呈现多元化、复杂化、海量化特征。电力现货市场信息披露来源从电网公司单一来源扩展至数以万计的市场主体，海量信息来自发电企业、售电公司、电力用户等各类市场成员。信息披露业务发生了跳跃式增长，呈现披露主体骤然激增、披露内容大幅剧增、披露频度显著提高、服务对象数量庞大四个特点。

各市场运营机构要充分预估电力现货市场信息披露工作面临的纷繁复杂形势，深刻认识信息披露在规范市场交易运营、引导市场健康发展、发挥市场效率等方面的重要作用。加强统筹协调，充分做好与各方的沟通联系工作。遵循全面、真实、及时、准确、完整、易于使用的原则，履行对外信息披露和对各类市场成员信息披露管理两项职责，彰显市场运营机构的公信力。

通过信息披露工作的有力开展，准确及时地披露基本信息、法规文件、市场规则、交易运营信息、现货出清信息等。向市场传递清晰有效的信号，为市场成员交易决策提供充分的支撑，有效提高市场成员的认同感。

电力现货市场披露的大量信息来自调度机构。调度机构按照能源监管机构相关文件要求准确及时地披露市场边界信息、市场参数信息、预测信息、市场运行信息等，保障现货市场正常运营。

电网企业披露的内容主要包括电网基本情况、电网设备信息、电网运行信息等。发电企业披露的内容主要包括基本信息、机组运行情况、市场运营信息等。售电公司披露的内容主要包括基本信息、市场运营信息等。电力用户披露的内容主要包括基本信息、用电信息、市场运营信息等。

广大上下游企业及各市场主体都有可能利用庞大的结构化数据。最常见的例子包括客户数据、交易数据、交易记录、财务数据、网站访问次数等。事实上，至少就目前而言，结构化数据提供了当前的大部分商业洞见。

此外，开放性的政府数据计划、科研机构和其他非营利机构也在收集和分享大量具有价值的数据。政府提供的数据集是信息宝库，提供的数据类型众多，一应俱全。

显然，社交媒体平台是一个不可忽视的重要信息来源，它们可以提供丰富的客户信息。譬如，可以使用情感分析技术了解客户对产品或服务的观点。社交媒体的信息涵盖了文本、照片、视频以及客户偏好等方面。这些信息都可以进行分析，并将分析结果用于企业运营。只要微博用户提到一家电力企业或一种产品时，微博上的所有人就能看到这家电力企业或这种产品，当然包括企业自身。即使微博的文章并未具体提到某种产品，企业也可以鉴别照片中是否有它们的产品。

在确定了适用于电力现货市场中企业理想的信息范围之后，下一步的工作就是确定如何将这些电力市场信息转化为具有价值的洞见。收集、处理和分析电力市场信息的过程，旨在生成有助于企业改善电力现货市场运营模式的洞见。通过使用算法和工具分析信息，能够解决电力现货市场的业务问题，提高交易运营绩效，实现企业战略目标。

运用可行的方案解决电力现货市场中的业务问题，无疑是电力市场信息分析师工作中最为重要的一部分。尤其是在为解决问题而以超快速度处理超大规模的信息时，其结果往往即刻可见，而且可能带来可观的回报。

譬如，亚马逊已远远超越最初在线书店的阶段，而这种超越的一个重要原因，就在于其热衷于使用各类信息改善其运营模式。优步是一项以智能手机应用程序为基础的出租车预约服务，它可以在需要出行的用户和愿意为他们提供搭载服务的驾驶人之间建立联系。这家公司深深植根于信息，与传统的出租车公司相比，它以更高效的方式让信息为人所用，利用这些信息分析客户需求、配置资源和设定乘车价格。

电力市场信息会带来诸多令人振奋的机会。在电力现货市场中，广大上下游企业及各市场主体必将使用分析工具创造出令人赞叹的奇迹。

创建强大的电力市场信息战略，广大上下游企业及各市场主体所面对的最大挑战就是如何找到高效、易用的分析方法。大数据分析、人工智能等技术发展如此迅速，从电力市场信息中提取具有价值的改进性新方法必然很快陆续出现。

数十年以来，各类企业较为擅长处理结构化数据。但对非结构化数据进行分析，并获得有用的信息则很难（或要耗费大量的时间和成本）。现在，随着分析技术的进步，各类企业已经可以得心应手地处理各类数据。

第三节　实现信息驱动电力现货市场交易业务的增长

显然，电力市场信息正在成为一项非常关键的商业资产，也是众多上下游企业及各市场主体取得成功的核心要素。随着电力行业日趋智能化，电力市场信息必将成为各类企业取得竞争优势的关键。这意味着，企业的竞争力将会越来越多地取决于利用电力市场信息、应用分析和实施新技术的能力。在电力行业的每个细分领域，电力市场信息及其转化为商业价值的能力很快都将显示出越来越重要的作用。

在电力现货市场交易运营业务中，信息本身就是力量。因此，不适时开发和应用电力市场信息的企业，必将被抛弃。

随着电力现货市场的逐步推进，市场建设进入深水区，市场运营面临着供需紧张、市场主体交易合同违约、电价波动等各类风险。在能源转型和电力市场化改革的大背景下，企业需要不断地研究和探索符合我国国情和时代发展背景的创新性商业模式，从而有效控制风险。

围绕"碳达峰、碳中和"的目标，电力产业形态、格局正在发生重大转变。

若要在电力现货市场中实现飞跃式发展，企业的领导者应当主动开拓思维，摆脱传统业务的束缚，大胆引入此前从未考虑过的观念和系统。首先，企业的领导者必须将电力市场信息战略作为转型的切入点。无论企业规模大小，如果想要成为信息驱动型企业，那么就必须建立一个强大的电力市场信息战略。

仅仅是考虑到当前可使用电力市场信息的庞大规模，就足以证明在电力现货市场中建立明确的信息战略的重要性。那些能够得益于丰富信息资源的企业，必然是那些以更为聪明的方式认知和运用电力市场信息的企业。

广大上下游企业及各市场主体应当拥有覆盖整个企业范围的信息战略。一些企业的领导者往往认为，信息及分析完全是纯粹的 IT 问题。这意味着和所有 IT 问题一样，他们自身根本就不需要了解信息是如何发挥作用的，或者为什么能发挥重要作用。令人遗憾的是，由 IT 团队驱动的信息战略往往倾向于信息的存储、所有权和完整性，而非企业的长期战略目标以及如何利用信息实现这些目标。

电力市场信息不仅可以帮助企业在电力现货市场中做出更为明智的决策并改善运营，还可以成为商业模式的关键部分，增加整体价值。

第二章

国外电力市场信息披露概述

我国新一轮电力体制改革已全面铺开，北京、广州电力交易中心及各省电力交易中心纷纷成立，电力交易主体不断增加、交易品种不断丰富、交易量不断扩大。在电力市场运营中，信息披露是至关重要的环节，具备完善的信息披露机制，能够有效促进资源的优化配置，有力提高市场交易的透明度与公平性。本章重点介绍美国、英国和澳大利亚电力市场的发展状况以及信息披露的机制设计和实践经验。

第一节　国外电力市场概况

国外电力市场建设经验对我国电力市场建设具有重要的参考价值。研究分析国外电力市场的基本模式，分析国外电力市场最新的发展趋势，梳理电力市场信息披露工作的国际经验，对我国电力市场的建设具有重要的启示意义。信息披露是电力市场中的重要环节，对建设有序、高效市场具有重要的作用。不同国家的电力市场发展各有特点，信息披露的形式也千差万别。本节重点介绍美国、英国和澳大利亚电力市场的发展历程。

一、美国电力市场概况

电力体制改革前的美国电力行业，主要由民营企业垄断。20 世纪 60 年代以来，自然垄断不符合社会效益最大化等观点开始在西方经济学界获得广泛关注。20 世纪 90 年代，全球掀起了电力工业放松管制的浪潮，包括美国在内，许多国家开始电力工业市场化改革。在此背景下，消除垄断成为美国电力体制改革的核心内容。

1992 年，美国能源政策法案要求进一步推进电力市场的批发竞争。1996 年，美国联邦能源管理委员会（Federal Energy Regulatory Commission，FERC）颁布了第 888 号与第 889 号法案，明确要求：开放电力批发市场，发电厂与电网必须分离；允许发电商和用户公平进入输配电网；引入竞争机制，所有发电企业具有同等待遇。同时，FERC 还鼓励成立独立系统运营商（Independent System Operator，ISO）。ISO 实时平衡市场和电网的供需关系，承担调度、电网运行、输电服务和阻塞管理以及辅助服务等职责。

美国的电力体制改革由联邦与州政府联合推进，具体改革模式由各州政府因地制宜决定，具有多元化的特征。两种典型的改革模式为加州电力市场模式与 PJM（Pennsylvania- New Jersey- Maryland）电力市场模式。加州电力市场模式参考英国电力库（POOL）模式，PJM 电力市场模式采用调度交易一体化模式。然而，这两种改革模式并未都取得成功。2000 年加州电力危机爆发，电力价格急剧上升，大量电力交易商破产，美国电力市场改革的进程受到冲击，有 7 个州由于加州电力危机的影响被迫中断改革。有赖于其灵活的交易机制、多样化的交易品种、完善的市场运行机制、高效的服务响应，PJM 电力市场一直保持稳健运行。

目前，美国共有 7 个区域电力市场，每个区域电力市场均由一个 ISO 或区域输电组织（Regional Transmission Organization，RTO）管理，其对应关系见表 2.1。此外，美国并非全境均开展电力市场，部分未开展电力市场的区域仍采用传统的垂直一体化模式运营。

各区域电力市场的 ISO 需要保障电力市场成员拥有平等的机会使用电力传输系统，并承担调度、输电服务、辅助服务、阻塞管理等一系列职责。在采用调度交易一体化模式的区域电力市场（如 PJM 电力市场），ISO 还具有开展电力现货交易，乃至开展金融输电权、虚拟投标等金融产品交易的职能。下面简要介绍各 ISO 的管辖范围与发展情况。

表 2.1　美国区域电力市场与 ISO 的对应关系

区域电力市场名称	RTO/ISO 名称	英文缩写
得州电力市场	得克萨斯州电力可靠性委员会	ERCOT
加州电力市场	加州独立系统运营商	CAISO
新英格兰电力市场	新英格兰独立系统运营商	ISO-NE
中大陆电力市场	中大陆独立系统运营商	MISO
纽约州电力市场	纽约州独立系统运营商	NYISO
PJM 电力市场	PJM 联网有限责任公司	PJM
西南电力市场	西南电力联营体	SPP

（1）PJM 电力市场

PJM 电力市场是目前美国国内交易规模最大的区域电力市场，1999 年开始运营。实际管理范围除宾夕法尼亚州、新泽西州、马里兰州外，还包括特拉华州、弗吉尼亚州部分地区及华盛顿哥伦比亚特区等。负责管理 PJM 市场的 ISO 为 PJM 联网有限责任公司（PJM L. L. C），于 1937 年 3 月 31 日成立；其前身 PJM 电力联营体为 1927 年世界上成立的首个电力联营体。PJM 的愿景是在可靠的运营、高效的批发市场和基础设施规划方面成为电力行业的领导者。

（2）新英格兰电力市场

新英格兰电力市场（ISO-New England，ISO-NE）的管理范围为缅因州、佛蒙特州、马萨诸塞州、罗得岛州、新罕布什尔州、康涅狄格州等。1997 年，ISO-NE 于马萨诸塞州成立，成为新英格兰电力市场的运营商。

（3）纽约州电力市场

纽约州电力市场（New York ISO，NYISO）创立于 1997 年，1999 年开始运营，管理范围限于纽约州。NYISO 负责在严格的监管下，可靠地运行纽约的电网，并达到美国最严格的标准。NYISO 对未来的电力系统进行了为期一年、五年和十年的规划，以保持长期的可靠性，减少输电系统的阻塞，并满足公共政策对新输电的需求，例如为客户提供可再生资源的线路。NYISO 公开透明地管理市场并保持可靠性，向决策者、利益相关者和公众提供有关纽约州电力系统的数据、分析和信息。

（4）加州电力市场

加州电力市场（California ISO，CAISO）创立于 1997 年，1998 年开始运营，管理范围限于加州。CAISO 是一家为加州服务的非营利性独立系统运营商，它负责加州电力市场的运行。CAISO 的主要使命是"可靠、高效地运行电网，提供公平和开放的输电通道，促进环境管理，促进市场和基础设施发展"。CAISO 是世界上最具改革创新意识的 ISO 之一，每年提供 3000 亿千瓦时的电力，管理着加州 80% 的电力供应。

（5）得州电力市场

得州电力市场（Electricity Reliability Council of Texas，ERCOT）创立于 1970 年，1996 年成为美国首个 ISO。目前 ERCOT 管理着 2600 万得州用户的电力供应，约占该州电力负荷的 90%。作为该地区的独立系统运营商，ERCOT 负责 46500mile$^{\ominus}$输电线路和 680 多个发电机组的运行管理。它还为竞争激烈的批发电力市场进行财务结算，并管理着近 800 万个场所的零售切换业务。ERCOT 电网覆盖得克萨斯州约 75% 的土地面积，如图 2.1 所示。

（6）中大陆电力市场

中大陆电力市场（Midcontinent ISO，MISO）是一家独立的非营利组织，为美国 15 个州和加拿大曼尼托巴省提供安全、经济的电力。MISO 致力于大容量输电系统的可靠运行。MISO 运营着世界上最大的能源市场之一，每年的能源市场交易总额超过 290 亿美元。MISO 服务范围如图 2.2 所示。

$\ominus$　1mile＝1609.344m。——编辑注

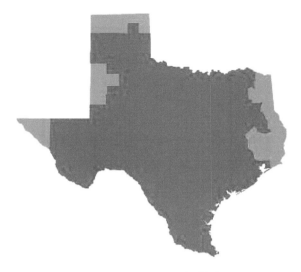

图 2.1 ERCOT 服务范围

图 2.2 MISO 服务范围

（7）西南电力联营体

西南电力联营体（Southwest Power Pool，SPP）管理西南电力市场。SPP 公司总部设在阿肯色州的小石城。FERC 于 2004 年批准 SPP 为区域输电组织。SPP 在 2015 年扩大了业务范围，服务 14 个州的全部或部分地区，包括：阿肯色州、艾奥瓦州、堪萨斯州、路易斯安那州、明尼苏达州、密苏里州、蒙大拿州、内布拉斯加州、新墨西哥州、北达科他州、俄克拉荷马州、南达科他州、得克萨斯州和怀俄明州。

二、英国电力市场概况

英国电力市场建设主要经历了电力库（POOL）、新电力传输协议（NETA）、英国电力贸易和传输机制（BETTA）、2011年新改革这四个阶段。由于POOL模式存在定价机制不合理、市场操纵力等问题，2000年建立了新的电力交易机制NETA，在英格兰和威尔士地区建立以双边合同为主的电力交易机制。2005年，开始BETTA计划，在全国范围内建立统一的竞争性电力市场。为建立与低碳发展相适应的电力市场机制，英国能源部开始了以促进低碳电力发展为核心的新一轮电力市场化改革，引入差价合同和容量市场两大机制。英国电力市场由天然气和电力市场办公室（OFGEM）监管。

目前，英国电力市场从组织形式与功能的角度可以分为四类：中长期双边交易市场［场外交易市场（OTC）］、日前集中交易市场、平衡机制及辅助服务市场。英国的中长期双边交易市场形成的双边合同电量占总电量的85%以上，日前集中交易市场和平衡机制构成了英国现货市场，其中涉及的电量占总电量的百分比不足10%，但却是市场主体规避经济风险、调度维护电网安全稳定的重要保障。

目前英国主要有两家电力交易所——N2EX和EPEX。N2EX是北欧现货交易所（Nord Pool Spot）的独资子公司，专门负责在英国运营。EPEX在英国、荷兰和比利时都有运营电力交易所，参与成员共70家。除了EPEX和N2EX之外，还有其他诸如美国洲际交易所（ICE）等期货交易平台供英国电力市场主体进行市场交易。

从电力市场流通性来看，英国主要采用流动率、买卖差价指标来衡量市场流通性。流动率是指交易量相对于某商品消费或生产水平的倍数，该指标越高，表明市场流通性越好。买卖差价是指同一产品在买入后即可卖出时价格的变化情况。据统计，英国2009~2016年集中市场的买卖差价走势整体呈下降趋势，峰值负荷时段由于电力供应紧张，其差价普遍高于基荷阶段。无论是基荷还是峰荷，买卖差价的逐年降低反映了市场流通性的增强，是电力市场不断发展完善的标志之一。

三、澳大利亚电力市场概况

澳大利亚的电力市场化改革始于 1990 年，大致经历了电力工业结构性重组、构建统一电力市场体系、重新建立电力监管体系三个主要阶段。1991 年 7 月，澳大利亚联邦和州总理会议共同决定，在澳大利亚南部和东部创建一个统一的竞争性国家电力市场。为加速改革进程，还专门设立了临时性的政府顾问机构——国家电网管理委员会（NGMC），该委员会于 1997 年 2 月解散。在澳大利亚政府的主导下，新南威尔士、维多利亚、昆士兰、南澳大利亚等州进行电力工业结构重组，为建立跨行政区的批发电力市场创造了条件。1994 年，澳大利亚开始以州为基础在电力批发和零售方面引入市场竞争，并于 1994 年和 1996 年，在维多利亚州和新南威尔士州先后进行批发电力市场试点。1996 年，国家电力市场管理公司（The National Electricity Market Management Company Limited，NEMMCO）成立。1998 年 12 月 13 日，澳大利亚国家电力市场（National Electricity Market，NEM）正式运行，由 NEMMCO 负责 NEM 的运营。

在改革初期，澳大利亚并没有成立全国性电力监管机构，而是由各州政府建立独立的监管机构。2004 年年底，澳大利亚对电力市场监管体系进行了国家层面的整合。根据 2004 年澳大利亚能源市场议定书，2005 年 7 月，全国电力监管职能整合到两个新的机构——澳大利亚能源市场委员会（AEMC）和澳大利亚能源监管机构（AER）。2009 年，澳大利亚能源市场运营机构成立，负责 NEM 范围内电力和天然气市场运营，涵盖了 NEMMCO 的职能。

目前，NEM 包括昆士兰州、新南威尔士州、维多利亚州、南澳大利亚州、首都地区以及塔斯马尼亚州共六个行政区域相互连接而成的电力网络，电网架构狭长，交易电量占澳大利亚全国用电量的 85% 以上；而西澳大利亚州与北领地区目前尚未加入 NEM。NEM 的市场组织架构如下：澳大利亚国家能源部分管能源政策；AEMC 管理电力、天然气法规；澳大利亚能源市场运营公司（Australian Energy Market Operator，AEMO）负责系统、市场运行及管理；AER 负责监管与执行。

第二节　国外电力市场信息披露的典型机制设计

电力市场中的信息披露需要系统化的顶层设计，本节介绍美国和澳大利亚电力市场的信息披露机制。

一、美国电力市场的信息披露机制设计

如上一节所述，美国电力市场化改革起步于 20 世纪 90 年代，目前已建立起较为完善的信息披露机制，披露的信息门类齐全、系统翔实。美国电力市场信息披露体系分为两个层面，即国家层面和区域电力市场层面。国家层面的信息披露主要由美国能源部（Department of Energy，DOE）下属的能源信息署（Energy Information Administration，EIA）负责，主要披露全国及各州的电力相关统计数据。区域电力市场层面的信息披露主要由区域电力市场运营机构及其市场监测机构（Market Monitoring Unit，MMU）负责，主要披露电力市场的运行情况、价格数据、市场结构信息等。这两部分信息披露协同配合，各有侧重，为提高美国电力市场透明度和资源优化配置水平提供信息支撑。美国电力市场信息披露体系如图 2.3 所示。

这两部分信息披露的主要区别与逻辑关系如下：

（1）信息披露的动机不同

美国国家层面的信息披露主要由政府的能源信息统计部门负责，其开展信息披露的主要动机是开展信息统计与分析，提高市场效率，为市场成员和政府的决策提供信息支撑。

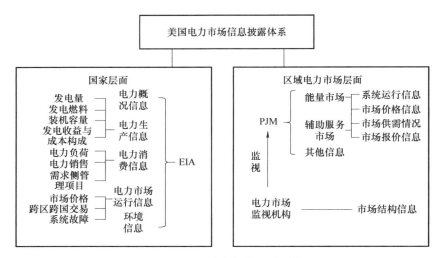

图 2.3　美国电力市场信息披露体系

区域电力市场层面的信息披露主要是由区域市场运营商及其监测机构负责，其开展信息披露除了提高市场效率外，还有一个重要目的是提高市场透明度，自证交易和市场监管的公平性，提高市场运营机构的公信力。

（2）信息披露的颗粒度不同

美国国家层面主要披露电力行业的宏观数据，大多聚焦到月度和州这一层级，披露的信息大多为电力行业相关商品的供给能力、生产成本、交易量和价格，对市场成员的交易行为关注度较少。

区域电力市场层面则主要披露区域市场的运行信息，大多聚焦到各节点、各时段和各市场成员上，重点关注区域层面的市场供需形势、市场结构信息和微观层面的市场运行信息、市场成员交易行为等。

（3）信息披露的作用不同

美国国家层面通过披露全国不同区域电力市场的宏观指标，帮助市场成员发现价值投资洼地，引导资源在全国范围内的流动，提高各区域之间的资源优化配置效率。

区域电力市场层面则通过披露本区域详细的市场运行信息，让市场成员充分了解本区域电力市场的运行情况和其他市场成员的交易行为，促进本区域市场的有序运行和资源的优化配置。

（4）互为补充，共同作用

美国国家层面和区域电力市场层面的信息披露互为补充，共同作用，形成了由宏观到微观、由中长期到实时的电力市场信息披露体系。其既能够引导全国范围的资源流动，又能够引导区域内市场成员的交易行为，且能够满足不同类型的市场成员在不同投资阶段对信息的多元化需求，进而实现资源随着信息在全美范围内有效地配置。

二、澳大利亚电力市场的信息披露机制设计

20 世纪 90 年代初，澳大利亚开始电力市场化改革，1994 年维多利亚州率先进行电力市场化改革并试点成功，1998 年东部 4 个州和首都地区的国家电力市场开始运行，而地广人稀的塔斯马尼亚州、西澳大利亚州及北领地区未加入。2005 年 7 月以前，澳大利亚实施电力市场监管的主要机构是澳大利亚竞争和消费者委员会、国家电力市场法规行政局、国家电力市场管理公司及各州政府监管机构。

为适应深化电力市场化改革的需要，澳大利亚对电力市场监管体系进行国家层面上的整合。根据由联邦政府牵头、各州共同签署的 2004 年澳大利亚能源市场议定书，2005 年 7 月初成立了专设的澳大利亚能源政策机构——能源部级理事会，成员由联邦政府和各州的能源部长组成。同时，将电力监管职能整合到两个新成立的机构，一个是国家能源市场委员会，另一个是国家能源监管委员会。前者主要负责制定监管规则，并作为独立的法定委员会，直接向能源部级理事会汇报工作；后者主要负责监管规则的具体实施，并作为全国专门的能源监管执行机构。两者分设使规则制定和市场监管的职责界定得更加清晰，是监管机构的一次体制变革，完全不同于原监管机构所具有的较强行政色彩和易受各州的利益取向影响，新监管机构在规定的法律框架范围内，能够显示出更多的独立性和专业性。

澳大利亚实行联邦、州或领地政府管辖体制。在联邦政府层面实施电力市场监管的机构，主要是国家能源市场委员会和国家能源监管委员会。而各州政府则是设立独立于州政府运作的监管机构，主要对垄断企业实行管制和监管企业重组，但州政府依然保留对政策的制定权。

NEMMCO 负责组织、管理和运营澳大利亚国家电力市场，处于比较全面和实时地掌握电力市场运营各有关信息的优势地位。因此，市场规则特别规定了 NEMMCO 在信息披露方面的三大义务：

1）NEMMCO 有义务和权利向市场成员提供市场规则所规定的市场信息。

2）NEMMCO 必须按市场成员的要求提供没有被国家电力法规管理委员会（National Electricity Code Administrator，NECA）或市场规则定义为涉及商业机密的市场运营信息，并可根据市场规则有关规定向其收取提供该信息的费用。

3）NEMMCO 必须根据社会公众的要求，公布任一区域参考节点上的区域参考电价及其发生大波动的原因。

第三节　国外电力市场信息披露的实践经验

国外电力市场信息披露工作的开展形式、信息披露的方式和种类以及市场数据的公开形式等市场运行实践，对我国电力市场的信息披露工作具有重要借鉴意义。国外典型电力市场对信息披露工作已经积累了大量的经验，本节将重点分析美国、英国和澳大利亚电力市场中信息披露的主要途径、数据类型、数据展示形式等成熟的实践经验。

一、美国电力市场信息披露实例

美国 PJM 市场拥有完善的市场规则和复杂完备的市场监管机制，在全球范围内具有很大的参考价值，其信息披露经验具有重要的启发意义。美国 PJM 市场的官方网站将信息披露功能全部集中在页面底部的"Data Shortcuts"（数据快速链接）标签下（见图 2.4），一共设置 8 个跳转链接，分别是：运行数据（Operational Data）、跨区域数据地图（Interregional Data Map）、数据浏览器（Data Viewer）、数据挖掘器（Data Miner 2）、数据快照（Data Snapshot）、数据目录（Data Directory）、系统地图（System Map）、紧急事件（Emergency Procedures）等。

图 2.4　PJM 官方网站底部 Data Shortcuts 标签

其中，数据快照（Data Snapshot）、数据浏览器（Data Viewer）、数据挖掘器（Data Miner 2）为 PJM 市场集中披露信息的三种主要形式。这三种形式所披露的信息种类不尽相同，可视化形式、文件形式、信息精细度也有差异，以适应不同情境下公众对市场信息不同程度的需求。数据目录（Data Directory）实际上是数据挖掘器的前身，其页面提示"Data Miner 2 包括了 Data Directory 大部分数据内容"；且 Data Directory 中的大部分数据源在 2018 年 8 月后停止了更新。其他 4 个链接则是各自特定地披露某一种类的信息，如"Emergency Procedures"披露系统中发生的事故信息。此外，PJM 市场还在其他页面分散地披露了一些基本系统/市场信息，便于市场成员快速了解市场情况。下面以 PJM 市场数据快照为例介绍 PJM 市场的披露信息。

PJM 市场数据快照的主要页面如图 2.5 所示。

其具有以下特征：

1）简易性：操作步骤简单，只需要直接点击左侧标签即可浏览对应数据。

2）快速性：系统加载速度很快，数据获取速度快。

3）实时性：系统实时更新（更新间隔为 1min 或 5min），数据时间范围为实时数据/日度数据。

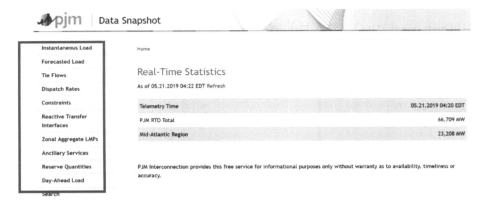

图 2.5　PJM 市场数据快照的主要页面

4）系统本身不提供任何文件形式的数据下载。

PJM 市场数据快照功能所披露的信息总结见表 2.2。

表 2.2　PJM 市场数据快照功能所披露的信息

类　别	名　称	更新频率/min	数　据　范　围
负荷类	实时负荷	1	实时数据
	负荷预测	1	当日及第二日（23：00 截止）
	日前负荷	1	当日（23：00 截止）
价格类	边际机组价格	5	实时数据
	聚合节点电价	1	实时数据
	辅助服务价格	5	实时数据
潮流类	联络线潮流	1	实时数据
	无功转移断面	1	实时数据
安全类	约束条件	1	实时数据
	备用容量	5	实时数据

二、英国电力市场信息披露实例

目前英国主要有两家电力交易所——N2EX 和 EPEX。EPEX UK 的市场信息公开主要集中在 Dashboard（仪表盘）及 Aggregated Curves（聚合曲线）。EPEX UK 不提供公开的市场历史数据，但 EPEX UK 提供付费的市场历史信息数据及定制的数据分析报告。而 EPEX 的其他下属公司如 EPEX CH（瑞士）、EPEX FR（法国）均提供免费的数据查看服务。下面以 EPEX SPOT GB Intraday Continuous（日内连续）为例介绍英国电力市场信息披露的具体情况。

EPEX SPOT GB Intraday Continuous 柱状曲线图包括了日内市场中各合同成交的总出清电量及出清量加权平均电价。在 Dashboard（仪表盘）中分别展示 D 日前周、月、年的出清量价曲线，如图 2.6 ~ 图 2.8 所示。其中周量价曲线提供 D 日前 7 天每天成交的量价曲线，月量价曲线提供 D 日前 31 天每天成交的量价曲线，年量价曲线提供 D 日所在月份前 12 个月的月成交量价曲线。

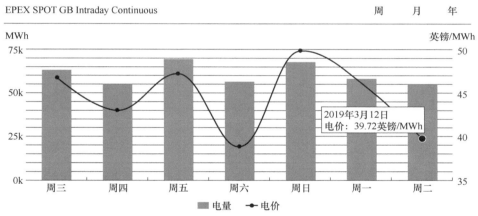

日期：2019年3月6日~2019年3月12日

图 2.6　日内实时市场汇总后的周量价曲线

日内实时市场分时段价格指数图（见图 2.9）在 D 日时展示了 D-1 日的日内实时市场分时段各类合同总出清电量、出清量的加权平均电价，以及总交易次数，其中各时段为：

1）Base（基本时段）：英国本地时间 D-1 日 23 时至 D 日 23 时。

2）Industrial Peak（工业峰时段）：英国本地时间 D 日 07 时至 19 时。

3）Extended Peak（延长峰时段）：英国本地时间 D 日 07 时至 23 时。

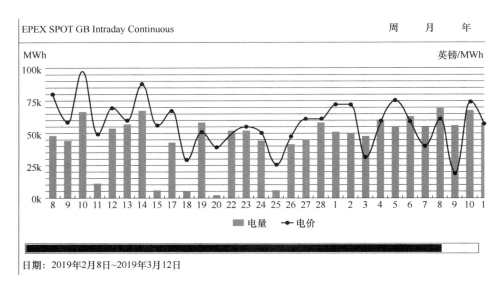

图 2.7　日内实时市场汇总后的月量价曲线

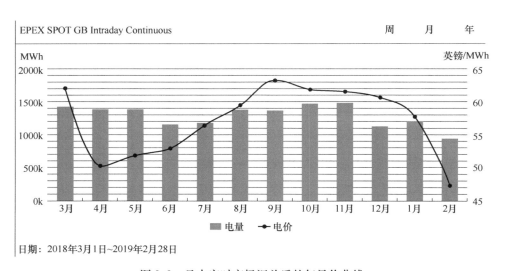

图 2.8　日内实时市场汇总后的年量价曲线

4）Off Peak（谷时段）：英国本地时间 D-1 日 23 时至 D 日 07 时，T 日 19 时至 T 日 23 时。

5）Total（合计）：与上述不同的是，在合计中只显示交易次数，不显示交易量价。

EPEX SPOT GB Intraday Continuous

时段	数值	变化	
Base	54861.0MWh	▼ −3232.4MWh	−5.6%
	39.72英镑/MWh	▼ −6.45英镑/MWh	−14%
Industrial Peak	33349MWh	▲ +3200.2MWh	+10.6%
	46.01英镑/MWh	▼ −0.56英镑/MWh	−1.2%
Extended Peak	44240.6MWh	▲ +1255MWh	+2.9%
	46.46英镑/MWh	▼ −0.18英镑/MWh	−0.4%
Off Peak	21512.3MWh	▼ −6432.6MWh	−23%
	33.43英镑/MWh	▼ −12.35英镑/MWh	−27%
Total	4232次交易	▲ +22次交易	+0.5%

日期：2019年3月12日

图 2.9　日内实时市场分时段价格指数

三、澳大利亚电力市场信息披露实例

澳大利亚 NEM 的官方网站实际上是 AEMO 官方网站的"电力"分类。除电力外，天然气市场交易也隶属于 AEMO 的组织与管理，因此 AEMO 官方网站对电力、天然气市场的交易信息都进行了公开披露。

除 NEM 外，AEMO 还同时对西澳大利亚州电力批发市场进行管理与信息披露，并设立专门的 Wholesale Energy Market（WEM）板块，与 NEM 板块并列。对于 NEM 和 WEM，AEMO 在官方网站上统一采用数据仪表盘（Data Dashboard）与数据中心（Data）两种形式进行市场信息的公开披露，下面以 AEMO 数据仪表盘和数据中心为例介绍澳大利亚电力市场的信息披露情况。

AEMO 官方网站的数据仪表盘，是 AEMO 官方将市场信息、数据经过高度可视化提炼后制作成的数据窗口页面。相比本章前两节所提及的美国 PJM 市场和英国电力市场，AEMO 官方网站的数据仪表盘制作更加精良，用户体验更加友好。对于现货市场与批发市场，其数据仪表盘的内容有所不同。NEM 电力现货市场数据仪表盘的页面如图 2.10 所示。

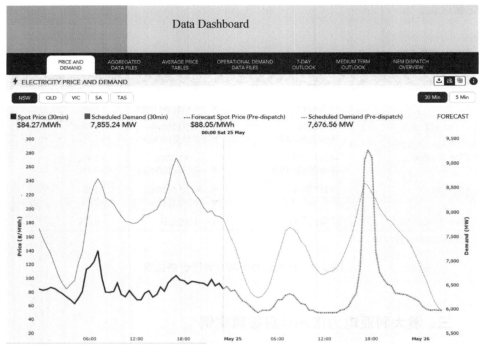

图 2.10　NEM 电力现货市场数据仪表盘的页面

　　可以看到，数据仪表盘采用多个标签的形式，为用户提供多种数据类型选择。其中，"Aggregated Data Files"和"Operational Demand Data Files"与数据中心（Data）功能类似。

　　（1）价格与需求（Price and Demand）

　　如图 2.10 所示的图线，NEM 将已调度的现货电力价格曲线、负荷曲线，与预调度得到的负荷曲线、现货电力价格预测曲线作于同一张图中，并在边界处以虚线区分；随着时间的推移，图线相对虚线边界左移，则负荷、现货价格将实时更新。将鼠标悬于图线上空时，标签将显示（预测）价格、（预调度）负荷的精确数值。

　　左上角的标签可以选择欲观察的市场区域。NEM 将全部管辖区域划分为 5 个子区域：NSW、QLD、VIC、SA、TAS；除首都地区外，新南威尔士州、昆士兰州、维多利亚州、南澳大利亚州、塔斯马尼亚州与这 5 个子区域一一对应。右上角标签则可以选择数据颗粒度。对于"30min"的颗粒度，该页面给出前述的 4 条曲线，时间范围约为 2 天（实时 1 天，预测 1 天）；对于"5min"的颗粒度，则仅给出实时负荷曲线与实时电价曲线，时间范围同样为 2 天。需要注意的是，颗粒度标签右上角的标签允许在图线-表格形式间来回切换，并提供 CSV 文件格式的数据源文件下载。

（2）平均价格表格（Average Price Tables）

NEM 以表格的形式给出当前月每天各区域的平均价格与平均峰值价格，如图 2.11 所示。此外，NEM 还提供历史平均价格数据的 CSV 格式数据源文件下载，并提供年度/月度/日度三种时间尺度供用户选择。

日期	NSW		QLD		SA		TAS		VIC	
	RRP	PEAK RRP	RRP	PEAK RRP	RRP	PEAK RRP	RRP	PEAK RRP	RRP	PEAK RRP
2019/05/01	76.13	84.58	74.21	82.02	58.87	56.32	91.73	95.3	88.01	99.02
2019/05/02	81.86	91.97	79.41	88.57	97.90	107.48	153.47	184.57	102.58	109.24
2019/05/03	78.32	88.14	76.08	85.31	87.29	85.71	99.13	102.26	100.39	101.12
2019/05/04	73.86	N/A	74.85	N/A	104.55	N/A	97.49	N/A	101.86	N/A
2019/05/05	68.23	N/A	65.11	N/A	105.52	N/A	99.88	N/A	107.43	N/A
2019/05/06	72.13	79.96	58.58	59.98	107.82	112.23	105.79	109.67	110.86	115.09
2019/05/07	70.44	73.34	65.40	67.42	74.81	78.17	98.27	96.99	92.74	96.09
2019/05/08	80.15	87.8	77.54	83.81	105.86	120.34	105.23	107	109.93	123.68
2019/05/09	92.54	97.66	87.50	91.03	99.93	110.16	100.85	100.41	110.90	121.2
2019/05/10	84.60	97.79	80.27	91.28	84.01	95.54	81.43	93.21	90.19	102.98
2019/05/11	68.68	N/A	60.15	N/A	84.40	N/A	84.46	N/A	85.06	N/A
2019/05/12	71.86	N/A	65.56	N/A	92.10	N/A	79.40	N/A	85.83	N/A
2019/05/13	75.68	82.61	73.06	79.36	72.70	80.2	70.32	78.31	74.41	83.17
2019/05/14	83.53	88.53	80.01	84.59	91.62	94.95	84.73	88.84	88.11	93.63
2019/05/15	94.59	108.54	87.27	99.19	95.52	107.9	96.45	108.75	97.45	110.47
2019/05/16	90.85	98.97	79.45	85.34	90.96	98.08	93.37	98.75	96.76	103.87
2019/05/17	91.71	102.78	77.97	85.48	86.62	96.91	89.73	97	94.25	104.97
2019/05/18	76.12	N/A	66.14	N/A	74.48	N/A	82.85	N/A	85.06	N/A
2019/05/19	63.65	N/A	56.98	N/A	69.41	N/A	77.90	N/A	74.84	N/A
2019/05/20	80.92	91.07	69.02	75.52	86.88	92.1	100.58	101.74	90.95	99.23
2019/05/21	73.03	77.86	66.40	70.21	101.51	104.82	98.85	102.63	103.40	108.31
2019/05/22	91.72	99.4	79.94	86.73	111.31	117.44	104.80	110.53	113.10	120.86
2019/05/23	84.28	84.89	73.09	73.69	56.99	46.38	82.66	83.82	87.06	86.37
2019/05/24	87.11	88.53	73	71.68	64.76	57.83	90.72	97.22	90.71	93.76

图 2.11　NEM 当前月每天各区域的平均价格与平均峰值价格

（3）7日概览（7-Day Outlook）

NEM以表格的形式提供一周时间内各个区域的日度净交易量、计划容量、计划负荷、计划备用4类数据，如图2.12所示。

Region	Date	26-May-19	27-May-19	28-May-19	29-May-19	30-May-19	31-May-19	01-Jun-19
NSW1	Net Interchange	-2690	-1423	-2627	-2052	-2382	-2188	-1995
NSW1	Scheduled Capacity	10104	11835	9818	11055	11012	12311	11975
NSW1	Scheduled Demand	8931	10772	10729	10799	11270	10279	8270
NSW1	Scheduled Reserve	3863	2486	1716	2308	2125	4221	5701
NSW1	Trading Interval	18:00	18:30	18:30	18:30	18:30	18:00	00:30
QLD1	Net Interchange	-295	-345	-282	-329	-312	-330	-406
QLD1	Scheduled Capacity	8900	8922	8931	8914	9038	8972	7930
QLD1	Scheduled Demand	6928	7385	7443	7450	7661	7511	5783
QLD1	Scheduled Reserve	2267	1882	1770	1794	1688	1791	2553
QLD1	Trading Interval	18:30	18:00	19:00	19:00	19:00	18:00	00:30
SA1	Net Interchange	-528	-647	-516	-591	-765	-770	-789
SA1	Scheduled Capacity	2795	3181	3370	3274	2768	2762	2601
SA1	Scheduled Demand	1472	1915	1755	1891	2066	1925	1629
SA1	Scheduled Reserve	1851	1914	2131	1974	1468	1607	1760
SA1	Trading Interval	19:00	19:00	19:00	19:00	19:00	19:00	00:30
TAS1	Net Interchange	-478	-478	-478	-478	-478	-478	-478

图2.12　NEM 7日概览

（4）调度仪表盘（NEM Dispatch Overview）

NEM在调度仪表盘，也就是现货市场数据仪表盘最右边标签处，以表格、文字、框图相互结合的方式，形象直观地为用户展现实时的市场状态，如图2.13所示。

图2.13中，左上角表格内公布各地区能量市场/辅助服务市场的实时价格；右方表格内公布系统中发生的紧急/预警事件简要报告，包括时间、地点、事故元件、事故类型等；中间的框图由代表5个地区的深色方块与代表地区间交换功率的浅色方块箭头组成。方块中公布区域负荷、区域发电量、风电与其他发电量等信息。

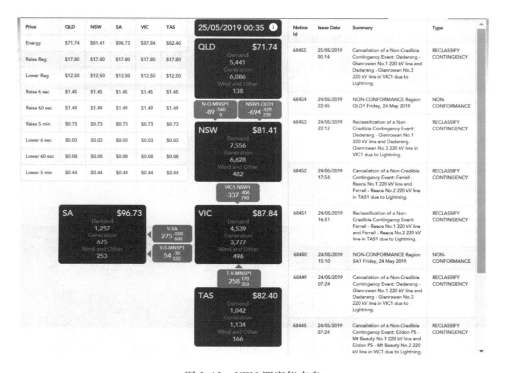

图 2.13　NEM 调度仪表盘

WEM 电力批发市场数据仪表盘的页面如图 2.14 所示。

与现货市场类似，数据仪表盘下分为 5 个子标签，分别为市场脉搏（Market Pulse）、发电信息（Generation）、市场信息（Market）、天然气（Gas）以及周报（Weekly）。值得注意的是，WEM 的数据仪表盘可视化程度与可交互性极高。

（1）市场脉搏

市场脉搏页面从左上角至右下角依次公布信息为：停电（Outage）、发电（Generation）、天然气简板牌（Gas Bulletin Board WA）、均衡价格（Balancing Price）、市场成员发电量（Generation By Participant）、燃料结构（Fuel Mix）。

停电：当前停电量，分为计划（Planned）、间接（Consequential）、强制（Forced）三类，每 30min 更新一次。

图 2.14　WEM 电力批发市场数据仪表盘的页面

发电：历史/当前/预测发电量曲线，下方数值每 30s 更新一次，图线每 30min 更新一次。

天然气：给出天然气管道图情况与耗气量，每天更新一次。

均衡价格：历史/当前/预测均衡价格曲线，每 30min 更新一次。

市场成员发电量：按照市场成员比重公布发电量，每 30min 更新一次。

燃料结构：当前发电量中各类燃料所占比重结构，每 30min 更新一次。

（2）发电信息

发电信息下又设置有 5 个小标签，分别为总览（All）、风能（Wind）、电厂（Facility）、燃料结构（Fuel Mix）以及停电（Outage）。每一类小标签采用了不同的可视化形式图表公布信息。

综上可以发现，AEMO 将数据经过直观、形象、美观的高度可视化处理后，在数据仪表盘处单独公布，为市场成员乃至非市场成员提供了便利、良好的数据获取途径，尤其对于那些不具备数据处理能力或处理条件的市场成员更为方便。此外，数据仪表盘的数据均提供数据源文件下载：NEM 源文件为 CSV 格式，WEM 源文件在每个窗口都有"RAW DATA"按钮提供源文件下载。这些数据源文件最终的来源均为接下来要介绍的数据中心。

AEMO 管理的各个市场包括 NEM、WEM 乃至天然气市场，其对应的数据中心的权限对所有用户开放。前面所介绍的数据仪表盘与数据中心的关系，可以类比本节美国 PJM 市场中数据快照/数据浏览器与数据挖掘器的关系，即数据中心、数据挖掘器具有数据库本质，而其他披露途径则通过筛选、可视化处理等多种方式，为用户提供更为便捷的数据获取渠道。此处为节约篇幅，仅简要介绍 NEM 数据中心所披露的数据种类。

NEM 数据中心共披露 5 类数据，分别为辅助服务（Ancillary Services）、电表（Metering）、网络数据（Network Data）、结算信息（Settlements），以及市场管理系统（Market Management System，MMS）。不同类信息更新的频率均不一样。此外，NEM 数据中心中大部分数据类型截至目前已停止同步更新，仅有 MMS 标签下的大部分数据仍在每日同步更新，因此接下来简要介绍 MMS。

MMS 主要发布的是市场成员的相关信息，图 2.15 所示为进入 MMS 后的页面。

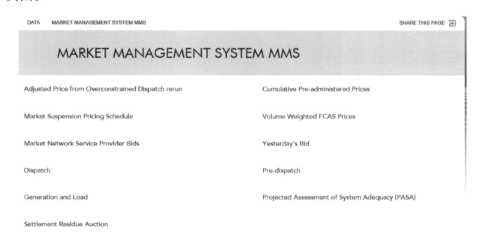

图 2.15　NEM 数据中心 MMS

其中仍在保持更新的数据类型总结如下：

1）市场成员报价信息（Yesterday's Bid）：披露市场成员的报价信息，每日更新，但延迟一天，即今天更新昨天的报价。

2）网络服务提供者报价（Market Network Service Provider Bids）：每日更新。

3）调度信息（Dispatch）：每 5min 更新一次。

4）预调度信息（Pre-dispatch）：每 30min 更新一次。

5）机组出力与系统负荷（Generation and Load）：每 5min 更新一次。

以市场成员报价信息为例，点击后可以选择“Yesterday's Bids”与“Archive Files”两个选项。其中，前者数据窗口将会随当前施加滚动，例如市场成员报价信息数据窗口为最近 2 个月，每天更新 1 次；后者则包含所有的历史数据，每个月更新 1 次。选择前者，即可以进入 AEMO 官方网站后台的 FTP 数据库；这也是 AEMO 网站保存数据的最终来源，如图 2.16 所示。

www.nemweb.com.au - /REPORTS/CURRENT/Yesterdays_Bids_Reports/

```
[To Parent Directory]

   Friday, December 23, 2016  4:07 AM        <dir> DUPLICATE
    Tuesday, March 26, 2019  4:06 AM      3122754 PUBLIC_YESTBID_201903250000_20190326040537.zip
  Wednesday, March 27, 2019  4:06 AM      2778159 PUBLIC_YESTBID_201903260000_20190327040535.zip
   Thursday, March 28, 2019  4:06 AM      2755111 PUBLIC_YESTBID_201903270000_20190328040533.zip
     Friday, March 29, 2019  4:06 AM      2896259 PUBLIC_YESTBID_201903280000_20190329040534.zip
   Saturday, March 30, 2019  4:06 AM      2971507 PUBLIC_YESTBID_201903290000_20190330040535.zip
     Sunday, March 31, 2019  4:06 AM      2766849 PUBLIC_YESTBID_201903300000_20190331040548.zip
      Monday, April 1, 2019  4:06 AM      2843991 PUBLIC_YESTBID_201903310000_20190401040537.zip
     Tuesday, April 2, 2019  4:06 AM      3058253 PUBLIC_YESTBID_201904010000_20190402040536.zip
   Wednesday, April 3, 2019  4:06 AM      2972597 PUBLIC_YESTBID_201904020000_20190403040534.zip
    Thursday, April 4, 2019  4:06 AM      2947725 PUBLIC_YESTBID_201904030000_20190404040535.zip
      Friday, April 5, 2019  4:06 AM      3012137 PUBLIC_YESTBID_201904040000_20190405040537.zip
    Saturday, April 6, 2019  4:06 AM      2746095 PUBLIC_YESTBID_201904050000_20190406040533.zip
      Sunday, April 7, 2019  4:06 AM      2135514 PUBLIC_YESTBID_201904060000_20190407040529.zip
      Monday, April 8, 2019  4:06 AM      2844940 PUBLIC_YESTBID_201904070000_20190408040533.zip
     Tuesday, April 9, 2019  4:06 AM      2999378 PUBLIC_YESTBID_201904080000_20190409040537.zip
 Wednesday, April 10, 2019  4:06 AM      2163381 PUBLIC_YESTBID_201904090000_20190410040529.zip
  Thursday, April 11, 2019  4:06 AM      2832715 PUBLIC_YESTBID_201904100000_20190411040534.zip
    Friday, April 12, 2019  4:06 AM      2908037 PUBLIC_YESTBID_201904110000_20190412040535.zip
  Saturday, April 13, 2019  4:06 AM      2744994 PUBLIC_YESTBID_201904120000_20190413040533.zip
    Sunday, April 14, 2019  4:06 AM      2553461 PUBLIC_YESTBID_201904130000_20190414040533.zip
    Monday, April 15, 2019  4:06 AM      2823281 PUBLIC_YESTBID_201904140000_20190415040534.zip
   Tuesday, April 16, 2019  4:06 AM      2876278 PUBLIC_YESTBID_201904150000_20190416040534.zip
 Wednesday, April 17, 2019  4:06 AM      2442444 PUBLIC_YESTBID_201904160000_20190417040530.zip
  Thursday, April 18, 2019  4:06 AM      2590953 PUBLIC_YESTBID_201904170000_20190418040541.zip
    Friday, April 19, 2019  4:06 AM      2715657 PUBLIC_YESTBID_201904180000_20190419040533.zip
  Saturday, April 20, 2019  4:06 AM      2551174 PUBLIC_YESTBID_201904190000_20190420040546.zip
    Sunday, April 21, 2019  4:06 AM      2487215 PUBLIC_YESTBID_201904200000_20190421040544.zip
    Monday, April 22, 2019  4:06 AM      2857422 PUBLIC_YESTBID_201904210000_20190422040548.zip
   Tuesday, April 23, 2019  4:06 AM      2739944 PUBLIC_YESTBID_201904220000_20190423040539.zip
 Wednesday, April 24, 2019  4:06 AM      2606416 PUBLIC_YESTBID_201904230000_20190424040532.zip
```

图 2.16　NEM 数据中心 FTP

文件全部以压缩包 ZIP 格式提供下载，解压后即可获得原始数据文件。显然，利用网页进行 FTP 操作较为繁琐；具有真实数据需求的用户，可以通过后台 FTP 连接 AEMO 官方网站的 FTP 数据库，并从后台直接打包下载每日数据，更为便捷。

第四节　国外电力市场信息披露情况分析

根据对美国、英国、澳大利亚电力市场信息披露情况的简要介绍，各国电力市场的信息披露方式和披露形式各不相同，可以将其共同点及其在细节上的不同点进行对比分析，梳理如下。

一、多种披露方式结合

美国 PJM 市场采用了数据快照、数据浏览器、数据挖掘器三种形式向公众进行信息披露，并附有一些分散的、形象的信息披露页面，如跨区域数据地图等；澳大利亚 NEM 采用数据仪表盘与数据中心两种形式；英国电力市场虽未介绍，但在网页中也附有相关数据源文件的下载渠道，并按照时间周期、时间顺序、数据种类进行了整理排序。

可以看到，国外电力市场的信息披露并非单一方式的披露，而是采用了多种披露方式相结合。多种披露方式所披露的信息原始来源可能是一致的，但采用了不同的数据可视化形式，披露了不同类型的信息。这主要是出于对具有不同信息需求的用户的考虑。

二、提供源文件下载接口

美国、英国、澳大利亚电力市场均提供披露信息源文件的下载链接或 API（应用程序接口）。其中，PJM 市场在数据挖掘器中提供 CSV 源文件下载，并同时支持 API 接入获取数据；英国电力市场提供 CSV 源文件下载；澳大利亚 NEM 将源文件整理在数据中心，以 FTP 的形式提供，既可以通过下载器下载，也可以通过后台接入下载。

可以看到，信息披露的公开、透明，不能仅是通过可视化的信息图表向公众披露，而应该同时将数据源文件开放下载渠道，甚至开放后台 API 的数据接口。对于需要相关系统、市场数据进行科学研究的高校和研究机构，数据源文件是十分重要的。

三、特殊信息披露情况

在市场机构向公众披露信息时，应当考虑特殊信息的披露形式，并结合实际情况采取部分披露或不披露的措施。譬如，对于涉及国家保密数据，可能影响市场运行安全性的相关内容，可以拒绝披露。对于涉及市场成员隐私数据的相关内容，首先应当询问市场成员是否愿意披露其自身的数据（如在参与市场前签订数据协议）；其次，在披露时应当采取部分披露的措施。

例如，美国 PJM 市场对现货市场、金融输电权（Financial Transmission Rights，FTR）市场的报价信息设置了 4~6 个月的延迟披露时限；澳大利亚 NEM 对现货市场报价信息采取延迟 1 天的披露形式；英国电力市场则不披露个体用户报价信息，而仅在源文件部分提供市场整体供求曲线信息，避免了市场成员间报价存在恶意竞争行为。

四、不同的更新频率

美国、英国、澳大利亚电力市场均对于不同类型的信息披露设置了不同的信息更新频率。对于实时性极强的数据，如实时节点电价（Locational Marginal Price，LMP）、实时负荷等，国外电力市场均采用 5min 或 30min 一个点，一天 288 个点或 48 个点作为一条曲线的形式进行披露；对于其他数据，如 FTR 月度拍卖结果、日度交易量、日度备用容量等，则按照更新频率与数据本身时间尺度匹配的原则进行披露，日度数据每日更新，月度数据每月更新等。

五、不同的可视化形式

美国、英国、澳大利亚电力市场在披露信息时，均有针对不同类型的数据采取多种可视化形式进行披露的措施。最常用的可视化形式为表格形式、图线形式。譬如，美国 PJM 市场数据快照、数据浏览器等，英国电力市场、澳大利亚 NEM 等均大量采用了表格和图线的形式进行同一类信息的披露；表格形式作为精细化披露方式，图线形式作为形象化披露方式。除此以外，各个国家还有自己的特色形式，如美国 PJM 市场的跨区域数据地图、系统地图，澳大利亚 NEM 的各类饼图、气泡图、茎状图等。

以上共同点与不同点整理见表 2.3。

表 2.3　美国 PJM 市场、英国电力市场、澳大利亚 NEM 信息披露对比

对比方面	美国 PJM 市场	英国电力市场	澳大利亚 NEM 市场
信息披露方式	3 种：数据快照、数据浏览器、数据挖掘器	2 种：可视化图表页面与源文件下载页面	2 种：数据仪表盘与数据中心
采取可视化形式	表格+曲线图+分散披露形式（饼状图、地图、系统图）	表格+曲线图	表格+曲线图+框图+饼图+气泡图+地图+茎状图+可互动图表
源文件获取途径	CSV 源文件下载+API	CSV 源文件下载	FTP 源文件下载+接口
安全隐私数据处理	报价信息延迟 4~6 个月	不披露个体报价只披露市场总供求	报价信息延迟 1 天披露
披露信息种类	（实时/日度数据） 价格信息：日前、实时 负荷信息：实时、预测 辅助服务：调频、备用 成交量信息：虚拟投标/UTC/风电/跨区	（实时/日度数据） 价格信息：日前 成交量信息：日前、实时 发电信息：机组、风电线路潮流、汇率容量、调频市场	（实时/日度数据） 价格信息：实时、预测 负荷信息：实时、预测 报价信息：现货市场报价 发电信息：火电、风电
	（周度/月度数据） 辅助服务：黑起动 报价信息：FTR、虚拟投标、需求侧响应 容量信息：装机容量	（周度/月度数据） 价格信息：日前 成交量信息：日前、实时 发电信息：机组、风电汇率	（周度/月度数据） 市场结构：份额、数量 7 日周报 FTP 中的部分数据

（续）

对比方面	美国 PJM 市场	英国电力市场	澳大利亚 NEM 市场
披露信息种类	（年度数据） FTR 年度拍卖信息 年度装机容量	（年度数据） 价格信息：日前 发电信息：机组 成交量信息：日前、实时汇率	/

第三章

中国电力市场信息披露状况

依据《电力企业信息披露规定》（电监会 14 号令）（以下简称《披露规定》）、《电力中长期交易基本规则》（发改能源规〔2020〕889 号）（以下简称《基本规则》）、《电力现货市场信息披露办法（暂行）》（国能发监管〔2020〕56 号）（以下简称《披露办法》）等文件要求和有关法律法规，信息披露主体提供并发布电力市场相关信息，各类市场主体能够及时、准确地了解电力市场信息，为企业自身的生产、经营决策提供支持。

电力交易机构严格按照相关要求开展电力市场信息披露工作，督促各类市场主体按照要求披露信息。充分发挥统一信息披露平台作用，适应市场化不同阶段信息披露工作需求，为市场主体提供优质服务。

第一节　中国电力市场建设现状与信息披露发展趋势

《关于进一步深化电力体制改革的若干意见》（中发〔2015〕9 号）（以下简称"中发 9 号文"）和改革配套文件出台后，电力市场建设、电力交易机构相对独立、有序放开发用电计划、输配电价改革、售电侧放开、增量配电投资业务放开、电力现货市场建设等改革措施逐步推进，行业发展环境、电力市场格局将发生深刻的变化。电力市场信息披露工作需要能够满足不同阶段市场交易业务的需要，充分考虑市场主体的新变化，有效提升政府部门、能源监管机构以及电网企业、发电企业、售电公司、电力用户等市场主体的满意度。

一、电力市场改革形势与信息披露体系构建

2005 年 12 月，国家电监会发布了《披露规定》。为了落实《披露规定》有关要求，做好电力市场信息披露工作，国家电网电力交易中心制定了电力市场交易信息发布管理规定，对信息披露工作进行规范。其后，针对各类信息披露专项工作需求，又先后印发了关于发电权、交易价格、网站管理等信息发布相关工作的文件。

2013 年，国家电网电力交易中心在全面梳理政府有关部门和监管机构对信息披露政策规定的基础上，结合目前市场交易开展情况和信息披露技术平台现状，对信息披露管理规定进行了修订，进一步明确了职责分工，对披露内容、披露形式和时限、监督检查等提出了要求。明确信息披露分为年度信息发布、季度信息发布、月度信息发布和滚动信息发布。其中，年度信息发布的主要内容有电力电量需求预测、交易计划、检修计划等信息，一般通过信息发布会和网站的形式予以发布；季度信息发布的主要内容有电厂市场需求、电力市场供应、电力市场运行、电力市场交易和电力市场建设等信息，一般通过信息发布会的形式予以发布；月度信息发布的主要内容有电力交易、电网运行、价格政策、电力供需、电力安全等信息，一般通过网站的形式予以发布；滚动信息发布的主要内容有电厂购电交易、联络线交易、发电权交易、交易价格、新闻宣传等信息及电网运行准实时信息，一般采用交易场所的形式予以发布。此外，在信息发布会、网站和交易场所三种基本发布形式的基础上，还提出了包括媒体、书面报告、电力交易运营系统等其他建议的发布形式。

2015 年 11 月，为深化交易平台应用，逐步实现公司系统信息统一发布目标，国家电网电力交易中心推进交易平台信息发布模块的实用化工作，加强全国统一电力市场交易平台信息发布工作。各单位通过交易平台发布年度、季度、月度电力市场交易信息，其中年度、季度信息发布报告实现纵向发布。各单位在交易平台具备年度、季度、月度电力市场交易信息发布条件，逐步停用

原有系统，实现单轨制运行。

2016 年 3 月 1 日，北京电力交易中心成立以来，认真做好年度、季度、月度信息发布有关工作，建立周交易信息披露机制，向市场主体、政府有关部门、监管机构及社会公众发布年度、季度、月度及周市场化交易信息，促进市场交易秩序更加规范透明。

2020 年 11 月，国家能源局印发了《披露办法》。随着电力改革的不断推进，电力现货市场对信息披露工作提出了更高的要求。市场运营机构（包括电力交易机构和电力调度机构）信息披露业务广泛涉及政府部门、监管机构、各类市场成员及社会公众，工作类型种类多样，协调管理接口众多，面临崭新的挑战。

信息披露决定了市场效率和公平性，市场信息主要能够反映资源优化配置空间，体现电力市场中各交易的潜在价值，对市场成员的交易行为和决策进行引导，对市场资金流向进行引导。同时，信息披露保障了市场公平性，避免市场出现权力寻租与暗箱操作的行为，促进电力市场健康有序发展。

在电力市场中，市场主体因信息披露对生产经营决策具有重大影响，因此它们对信息披露具有很高的积极性。在蓬勃发展的电力中长期交易中，电力市场信息已经影响着市场主体对电力交易的生产、报价、交易执行等方面的决策。在电力现货市场中，信息披露更是扮演着重要的作用，能够使市场主体及时响应市场变化，对市场交易及时进行决策。

基于现阶段我国电力市场信息披露现状，应当结合国内外披露机制的发展现状，详细分析电力市场信息披露的具体内容，并依托于完善、全面的信息网络，构建系统的信息披露体系，对于确保电力现货市场的有序、稳定，推动电力现货市场的发展具有重要意义。

二、基于电力市场信息披露的现货交易决策

电力市场信息披露使市场成员更加便捷地获取信息，减少搜集市场信息的成本，引导电力交易行为，促进竞争，进而提高整个电力市场运营效率。

电力现货市场交易即市场主体通过信息反馈、互动，获取所需要的充分信息，并利用不断的信息交换达成协议的博弈过程。市场主体的信息交换状况，直接影响它们的交易决策。

电力现货市场交易产生连续、动态的市场信息。对于市场主体，电力现货市场披露信息需要足够充分，才能对电力现货市场竞争形势有正确的判断，并做出正确的决策。信息披露与市场成员的交易行为相互作用，影响着电力现货市场的演化过程和运营效率。

市场主体不断地调整交易策略，促使交易达成或交易结果的进一步优化，体现市场无形的手对资源配置的作用。

在电力现货市场交易运营过程中，公开透明的信息披露制度有利于规范市场成员的交易行为。披露适当的信息有利于利用规则和标准来限制交易双方的行为，从而更有效地监控市场成员的交易行为，以达到降低交易成本、提高市场交易效率的目的。

如果信息披露不及时、不充分、不真实，就会导致电力现货市场信息传导不畅，还会使市场主体进行交易时无法正确回应市场动向、影响市场交易决策，更严重的有可能会导致市场危机的出现。

三、电力市场信息披露的监管要求

各市场成员应当按照信息披露相关规则办法的要求，构建信息披露工作的管理机制，保证信息披露的时效性、针对性、实用性。市场运营机构应当了解掌握国内外电力市场工作成果和实践经验，密切跟踪改革形势和市场需要，确保监管要求得到贯彻落实。

（一）政策文件相关要求

国家电网有限公司依据《披露规定》等要求，结合工作实际情况，制定了电力市场交易信息发布管理通用规定。国家电网电力交易中心按规定公开发布电力市场交易有关信息。电力市场交易信息发布分为年度信息发布、季度信息发布、月度信息发布和滚动信息发布，遵循公开透明、及时准确、规范统

一、服务优质的原则，并严格遵守国家和公司有关保密规定。国家电网有限公司各部门按照职责分工负责审核并提供电力市场交易有关信息，由电力交易中心统一对外发布。

2015 年，"中发 9 号文"和有关改革配套文件相继印发。"中发 9 号文"提出：12. 完善电力交易机构的市场功能，披露和发布市场信息。配套文件附件 3《关于电力交易机构组建和规范运行的实施意见》提出：（七）信息发布。按照信息披露规则，及时汇总、整理、分析和发布电力交易相关数据及信息。

在 2020 年 11 月《披露办法》出台后，电力交易中心严格按照相关要求进一步开展电力市场交易信息披露工作，落实能源监管机构有关要求，更好地服务市场主体。

（二）信息披露现状及特点

2020 年，国家电网有限公司经营区域各电力交易中心紧密围绕市场运行实际，积极响应市场主体诉求，丰富信息披露内容，认真做好年度、季度、月度信息发布，完善交易组织事前、事中、事后的信息披露，促进市场交易秩序更加规范透明。通过信息发布会、交易平台、网站、简报、微信公众号、短信平台等多个渠道，全方位披露相关信息。打造覆盖中长期、现货交易的完整电力市场信息披露平台，支持发电企业、售电公司、电力用户、电网企业及市场运营机构在线披露各类电力市场信息，切实提高电力市场信息准确性、完整性、及时性，促进电力市场公开、透明、高效运营。召开年度、季度信息发布会 170 余次，通报年度、季度电力供需形势及预测，全面公开电力市场交易电量及价格、市场建设、生产运行等信息，发布电力市场年报。按月在网站发布电力市场交易信息 1 万余条，包括电力电量平衡分析、运行方式安排、交易计划执行、省间交易及发电权交易完成情况等信息。按周发布电力市场交易信息 102 次，包括电力交易中心运营情况、市场交易绩效情况、市场成员注册情况以及交易重要事项等。微信公众号编审、推送新闻宣传稿件 2185 篇，包括售电公司注册情况、月度市场化交易规模、月度交易电量完成情况、新能源省间交易完成情况等。发布省间交易公告及出清信息 1800 余次，通过电力交易平台向市场主体发布交易组织信息、交易结果信息等。发布结算单 146.3 万张，优化和完善结算工作流程，进一步提高交易结算工作信息化、自动化、互动化水平，维护交易各方合法权益，有效提高结算工作效率。

北京电力交易中心紧密围绕市场运行实际，积极呼应市场主体诉求，丰富信息披露内容，有力地促进了交易各方信息共享，提升了市场信息的公开度和透明度，为市场主体制定市场交易策略提供了丰富的信息资源。除发电企业外，信息发布会还邀请售电公司、用户等市场主体参会，有效地促进了电力市场供需对接。

首都电力交易中心以首都电力交易差异化服务平台为载体，向北京及延庆赛区所有冬奥场馆提供绿电交易服务，通过微信小程序可以实时地查看绿电从产生、输送到场馆使用全生命周期情况，还能溯源电厂信息，便捷查询冬奥场馆用户实时用电情况、节能减排量、电费结算量等数据，直观、完整地展示绿电交易的过程和结果。

上海电力交易中心充分利用网站、信息发布会、厂网联席会、交易大厅、问询答复、专题会议、月度报告报表等多种形式开展信息发布工作。通过定期举办信息发布会，发布电力市场交易信息、电力运行情况、电网运行方式及电能平衡情况。及时向各市场主体发布市场交易信息，为政府部门、监管机构和各市场主体搭建信息共享和互动交流的平台。同时，通过组织专题培训，安排专人负责问询答复，妥善为市场主体答疑解惑。

广州电力交易中心依托门户网站、电力交易系统、微信公众号等不同方式，主动、及时、准确地披露电力市场相关信息。印发《关于加强参与跨区跨省交易发电企业信息披露工作的通知》，规范发电企业披露企业信息的要求。发布参与南方区域跨区跨省电力交易的发电企业报告、南方区域跨区跨省电力市场运营报告等。

各电力交易中心高度重视电力市场信息披露工作，从时间周期和业务流程等维度梳理信息披露清单，确立披露重点。依托会议、交易平台、网站、微信公众号等多类载体，形成多个披露渠道，优化提升信息公开的广度、深度、频度，确保各市场主体能及时、准确地获取电力系统运行情况、电力市场运营情况等信息。

市场主体需要足够的、充分的信息，以便其对市场状况做出正确的判断，并做出正确的决策，使企业获得利润。而对于监管机构而言，其主要职能之一是尽可能地保持市场中信息的具体内容得到充分披露，以优化整个电力市场运行方式和提高市场交易的效率，达到有效监管电力市场和保护市场参与主体利益的目的。

四、电力现货市场信息披露面临的变化

在电力现货市场交易运营过程中，信息披露内容更为丰富多样，而信息披露工作时间周期将更为缩短，信息披露工作压力显著增大。电力市场建设不断深化，市场主体将呈指数级增长，电力现货市场信息披露工作面向主体大幅度增加，需要为电网企业、发电企业、售电公司、电力用户、社会公众做好相关服务工作。同时，各类市场主体也将通过统一信息披露平台发布信息，关于售电公司、电力用户相关信息收集也是亟待解决的问题。

（一）披露内容增加

随着电力现货市场建设的推进，电力市场信息披露业务将发生深刻变化，其披露内容涵盖面将更为广泛。在不同的市场发展阶段，应当明确市场成员的披露内容和针对不同对象披露信息的界定方式。

信息披露对于保证电力现货市场正常、稳定运行有重要的影响，所以要格外引起重视，如果不加选择地向市场成员发布所有信息，会给市场成员带来信息灾难。在面对海量信息时，市场成员往往无从下手，也无法从中获取正确的市场信息和结论。

披露电力市场信息时，并不是信息越多越好。应明确信息披露的目的，进行适当的筛选，披露具有价值和必要的信息，而不是简单地披露所有信息。披露的市场信息应当是准确无误的信息。任何经过扭曲的信息，都会因为没有反映电力市场的真实情况，致使市场主体产生错误认识，并由此蒙受经济损失。

（二）披露主体增多

信息披露主体包括电网企业、发电企业、售电公司、电力用户和市场运营机构，披露信息应当确保准确完整和统一格式。

1）各类市场成员信息披露内容应当充分，使市场参与者能够全面获取自身所需的信息。

2）各类市场成员应当对披露的信息予以分类，对安全性和私密性进行统筹考虑。

3）各类市场成员应当逐步建立与完善信息披露管理制度，实现相应的技术手段，避免重复信息和矛盾信息，以及信息简单拼凑的方式。

4）电力市场交易信息包含市场主体大量的私有信息或者商业秘密。例如：报价信息包含报价策略和成本信息。任何市场成员不得违规获取或者泄露未经授权披露的信息。

（三）关注主体增多

根据能源监管机构有关规定，向各类市场主体及社会公众披露电力市场有关信息，使各类市场主体及时、准确地了解电力市场状况，为生产、经营决策提供支持。

电力现货市场信息面向电网企业、发电企业、售电公司、电力用户等市场成员及社会公众。电力现货市场试点范围将逐步扩展，市场主体呈现明显的多元化趋势。各类市场主体对信息披露的高度关注和需求更为强烈、迫切。

（四）披露频度提高

电力市场信息具有时效性，时间越近的数据包含越多的信息量。因此，应尽快披露那些能够反映电力交易规律、促进电力市场稳定运行的市场信息。在电力现货市场中，要求各类市场主体必须以足够的频度及时提供信息，一般信息要按时披露，紧急信息要随时披露。需要开发并充分利用便捷的信息化平台，以使用者容易接受的方式披露相关信息。电力现货市场不断推进，信息披露时间周期由年度、季度、月度拓展至日、实时信息，信息披露频度必须适应市场快速变化的需求。

信息披露作为电力现货市场建设的重要环节，发挥着引导资源优化配置，提高市场竞争效率的作用。电力现货市场的发展是一个循序渐进的过程。我国电力市场的部分运营模式还处于过渡状态。能源变革、金融产品的丰富、市场放开程度的增加等变化都会对市场交易机制产生影响。因此，未来的信息披露体系应当随着市场建设进程动态变化，在保证市场主体利益的情况下，最大程度地发挥引导作用，及时、准确、动态地披露电力现货市场相关信息，为市场交易的良性持续发展助力。

第二节　中国电力现货市场信息披露内容与方式

结合能源监管机构相关文件要求，市场运营机构研究信息披露需求，构建适应电力现货市场建设的信息披露体系，明确电力现货市场信息披露的内容与方式，综合利用各种信息化手段和先进的管理理念，为市场主体和社会各界提供信息服务。

一、信息披露定位

面向当前的新局面、新任务，电力现货市场信息披露工作需要合理定位。明确信息披露机制的建设目标，把握信息披露工作的重点，保障电力现货市场平稳高效运行。信息披露工作应当维护市场主体合法权益，提升市场主体的满意度与获得感。电力现货市场信息披露工作应当体现公开透明、市场导向、优质服务的原则。

市场竞争所需信息应当充分披露，信息披露主体对其提供信息的真实性、准确性、完整性负责，保证电力现货市场的公开、公平、公正运作和现货市场交易的有序开展，为电网企业、发电企业、售电公司、电力用户等各类市场主体及社会公众提供优质的信息服务。

二、信息披露内容

按照信息公开范围，电力现货市场信息分为公众信息、公开信息、私有信息和依申请披露信息四类。公众信息是指向社会公众披露的信息；公开信息是指向所有市场成员披露的信息；私有信息是指向特定的市场主体披露的信息；依申请披露信息是指仅在履行申请、审核程序后向申请人披露的信息。

各类市场成员运用信息网络主动实行有效的沟通与协调，形成一个完整、有效的信息资源供应链体系。进而实现对本单位全部信息资源的一体化管理，建立一个完整的信息披露框架。

各类市场成员按照监管机构要求，基于目前的信息披露实现技术和管理模式，根据多渠道多层次多方位信息的组织方式、披露方式和需求内容，进行本单位信息披露工作的整体设计。

各类市场成员应建立多层次多方位信息披露体系，基于电力现货市场业务扩充和扩展的需要，根据业务灵活定义和功能组织的方式，通过统一平台对本单位相关信息进行信息披露。为了能够保证信息披露的时效性和有效性，各类市场成员应考虑不同层次的信息获取方式，通过相应的信息处理机制，进行多层次分类，将信息发送至统一平台，面向不同对象多方位披露。

依托多层次多方位信息披露体系，通过构建基于流程优化的信息披露运作模式，实现对电力现货市场交易相关信息的及时披露，从而更大范围和更大力度地实现信息的公开、透明和准确，保证电力现货市场交易有序进行。

按照《披露办法》的要求，在征得电力用户同意后，电网企业和市场运营机构应当允许售电公司和发电企业获取电力用户历史分时用电数据、用电信息等有关信息，并约定信息开放内容、频率、时效性，以满足市场主体参与现货交易的要求。

市场成员可申请扩增信息，应当将申请发送至信息披露平台，电力交易机构收到扩增信息披露申请后应及时通知所有受影响的市场主体，并报试点地区第一责任单位审核。扩增信息披露申请及审核结果应当通过信息披露平台专栏公示。

　　电力交易机构应当定期向市场主体出具信息披露报告，内容应当包含但不限于电网概况、电力供需及预测情况、市场准入、市场交易、市场结算、市场建设、违规情况、市场干预情况等方面。

三、信息披露方式

　　严格按照能源监管机构下发文件中明确的信息披露内容与时间要求，各类市场成员通过电力市场信息披露平台披露信息，还可以采用网站、媒体、会议等多种形式，促进电力现货市场信息全方位交流与共享。

（一）电力市场信息披露平台

　　按照《披露办法》要求，电力交易机构负责设立信息披露平台，创造良好的信息披露条件，制定信息披露标准格式，开放数据接口。信息披露主体按照标准格式通过信息披露平台向电力交易机构提供信息，由电力交易机构通过信息披露平台发布信息。

　　完整、一致、动态优化的电力市场信息披露平台，能够进一步促进信息披露业务流程与信息技术的高效融合，为政府部门、监管机构及电网企业、发电企业、售电公司、电力用户等市场主体与社会公众获取信息创造便捷条件。

（二）信息发布会

　　信息发布会是我国电力市场信息发布的又一方式。譬如，北京电力交易中心负责组织召开电力市场交易信息发布会，主要发布交易信息，介绍电力供需形势预测、市场化交易组织等情况。会议主要发布电力供需情况、电力市场运营情况、电力市场建设、市场服务、电力电量平衡预测等内容。其中，电力供需情况包括经济发展、电网约束情况、电网安全运行情况等；电力市场运营情况包括交易规模、清洁能源消纳情况、直接交易、发电权交易、售电市场交易、省间交易情况、交易组织、参与市场化交易的市场主体情况、现货试点结算试运行情况等。国家发改委、国家能源局相关领导，华能、大唐、华电、国家电投集团、三峡集团、国家能源集团，国投电力、华润电力、京能集团等发电企业，雅砻江、阳城、锦界、府谷、温池、南湖、花园、绿洲、兵红、银星、宁东、枣泉、大坝、鸳鸯湖、方家庄、古海一厂、古海二厂、雅丹一厂、雅丹二厂、金满、紫荆、常乐、盛鲁等电厂，以及售电公司、电力用户的代表，国家电网有限公司总部有关部门相关同志参加会议。

各相关电力交易中心应当主动了解市场主体对于电力现货市场迫切的信息需求，加大对市场分析、交易电价、交易执行情况等信息披露力度，从市场供需、市场建设、市场运营、市场服务等维度，扩充售电市场交易、市场主体情况、现货试点结算试运行等内容，全方位发布相关信息。通过信息发布会，建立与市场主体之间良好的沟通协商机制。及时发现相关各方的需求，对市场主体的意见与建议进行答复。加强与市场主体之间的沟通协商，增进相互信任和理解，推进电力现货市场相关工作的顺利进行。

电力现货市场建设不断推进，各电力交易中心应当紧密契合电力改革的发展趋势，充分发挥信息发布会的作用。

（三）其他信息披露方式

随着电力现货市场的建设与发展，必然衍生更多更广的信息披露需求，电力市场信息披露面对不同的对象，需要提供更加灵活的信息披露手段，丰富披露内容，优化展现方式，保证信息披露的公开性、公平性、公正性，从而使电力现货市场有序运行。

电力交易机构主要通过电力市场信息披露平台披露相关信息。信息发布会、微信公众号、短信、交易大厅大屏、交易平台移动 APP 也是对外进行信息披露的重要方式。

除在电力市场信息披露平台披露信息外，市场成员还可根据市场运行和自身运营需要，通过企业官网、微信公众号、报刊等其他渠道披露信息。

第三节　中国电力现货市场信息披露管理体系

按照能源监管相关文件精神及要求，结合我国电力现货市场的现状及未来发展趋势，建立电力现货市场信息披露管理体系，全面规范电力现货市场信息披露，促进电力现货市场公开透明，提升对市场主体的服务品质。

一、信息披露业务流程

各类市场成员应将数字化、智能化的技术思路融入电力现货市场信息披露业务实现与管理模式中，建立完整、一致、动态的基础信息数据库，创建自身的信息管理平台。业务流程运用新型信息技术手段实现优化与再造，提高管理布局的合理性和科学性，提升管理深度及效能。

信息披露业务主要包括信息准备、信息提交、信息汇总、审核批准和正式发布五个阶段。各类市场成员应当考虑信息披露业务特点及现实情况，针对信息披露业务每个阶段的各个方面、每个环节进行全面的调查研究和细致分析，设计细致、明晰的业务流程。

二、信息披露协调管理机制

电力现货市场信息披露必须通过一整套信息提供、信息传递、信息评价、信息监管的协调管理机制实现，保障电力市场的平稳运行和有序发展。

各市场成员要强化信息披露专业化管理，提升信息披露业务支撑能力，形成权责明晰、分工负责、协同高效的信息披露组织管理架构。按照能源监管机构相关文件要求，根据信息披露工作类目，明确自身信息披露职责与工作任务。

三、信息披露效果评估机制

随着电力现货市场建设的推进，市场主体多元化趋势的愈加明显，各类市场主体对信息披露的要求越来越高。

应当结合信息披露工作特点，构建量化评估指标体系和评估方法。建立联动的信息披露管理能力评估工作机制，研发数字化、智能化量化评估工具，支持各市场主体开展信息披露管理能力自评估、自诊断。

推进评估发现问题的整改，推广信息披露管理的先进经验和知识，促进信息披露管理能力持续改进提升。

（一）信息披露质量保障

市场运营机构应当建立信息披露工作共享机制，提升信息披露质量保障能力。广泛借鉴各方关于信息披露的科研项目与实践经验，共享研究成果与工作成果，推进信息披露业务知识与能力的复用。加强交流研讨力度与深度，吸纳各方信息披露业务知识。协同减少工作阻力，克服工作障碍，形成合力破解信息披露业务的各类疑难问题，提高信息披露的工作效能与质量。

市场运营机构应当持续跟踪信息披露工作过程中发现的问题，进一步加强信息披露平台发布的相关工作。

（二）信息披露目标实现程度评估

通过开展信息披露工作实施成效评估，对具体业务推进实行评估，查找问题，改进提升，促进信息披露工作的高质量发展。

应当对信息披露的质量进行评估管理并测评打分，从信息披露的准确性、完整性、及时性等维度予以衡量。综合考虑各个维度，结合违规通报情况、信息披露工作的配合情况等，制定相应的评估标准和评估等级，对各类市场主体的信息披露质量进行评级。

（三）监督体系

市场成员如果提供虚假、不完整信息，则会影响电力系统的安全性与电力市场公平与公正。

国家能源局派出机构对市场成员按照《披露办法》开展的信息披露行为进行监管，并根据履行监管职责的需要采取信息报送、现场检查、行政执法等监管措施。

《披露办法》规定，市场主体对披露的信息内容、时限等有异议或者疑问时，可向电力交易机构提出，由电力交易机构责成信息披露主体予以解释及配合。对未按要求及时披露、变更或者披露虚假信息的市场成员，一年之内出现上述情形两次以上的，国家能源局派出机构可对其采取监管约谈、监管通报、责令改正、出具警示函、出具监管意见等监管措施，并依据《电力监管条例》等有关规定做出行政处罚。

国家能源局派出机构组织专业机构对信息披露总体情况做出评价，从信息披露的有效性、易于使用性和保密性等方面对信息披露情况进行分析，将评价结果向所有市场成员公布，并抄送地方政府电力管理等部门。

第四节　中国电力现货市场信息披露支持体系

为适应电力现货市场建设的新形势，提升市场服务水平，市场运营机构将按照国家下发的关于信息披露政策文件的新要求，全面规范电力现货市场信息披露工作。结合实际情况，构建面向电力现货市场建设的信息披露支持体系，协调电网企业、发电企业、售电公司、电力用户等各类市场主体，准确及时地提供信息披露内容，研究电力现货市场信息披露常态机制，完善电力现货市场信息披露制度，建设电力市场信息披露平台。

一、信息披露常态机制

随着电力体制改革的持续推进，市场规模正在不断扩大，市场主体数量高速增长，符合条件的市场主体通过多种方式参与电力现货市场交易，需要获取全面、及时的市场信息。

《披露办法》对信息披露工作提出全新要求，应当建立健全信息披露管理的常态机制，强化相关单位及部门的统筹协调，敦促信息披露业务规范化运作，保障电力现货市场安全稳定运行，推进电力现货市场持续健康发展。

电力交易机构应当密切跟踪改革形势和现货市场运行需要，加大信息披露工作管控力度。统筹考虑收集、管理、披露电力市场信息相关工作，加强分析研究，认真做好人才储备与技术保障等相应各项工作，不断提升面向广大市场主体的服务质量。

二、信息披露制度保障

在电力现货市场环境中，如果市场成员信息披露的违法违规行为难以得到公正处罚，各类市场成员就不会完整、真实、及时地披露相关信息，其后果是市场规则形同虚设，市场信息扭曲失真。首先，应在电力市场相关制度中明确赋予各类市场成员和社会公众知晓、获取有关信息的权利；其次，以法律法规的形式赋予能源监管机构、市场运营机构监督和强制监管各类市场成员信息披露的权力；再次，鼓励社会公众和媒体广泛监督各类市场成员披露信息；最后，建立激励机制，通过赞许、奖赏等正激励和压力、约束等负激励，提高各类市场成员的社会责任感和信息披露的认同感，从而自觉披露信息。对虚假、隐瞒、欺诈性质的披露信息或者不及时、不完整披露信息的市场成员，采取经济和法律的手段予以制裁。

市场成员的工作人员未经许可不得公开发表可能影响市场成交结果的言论。市场成员应当建立健全信息保密管理制度，定期开展保密培训，明确保密责任，必要时应当对办公系统、办公场所采取隔离措施。相关工作人员必须强化信息安全意识，对涉密信息的信息系统和数据加强安全管理，设置不同的安全等级与功能权限。

三、信息披露平台建设

市场运营机构应当结合能源监管机构下发文件的有关要求，根据电力现货市场的实际状况，在符合国家、行业有关标准及相关规定要求的前提下，满足市场主体信息诉求，持续完善提升电力市场信息披露平台。

新技术的发展为电力现货市场信息披露提供了多种多样的披露机制和手段。市场运营机构能够从信息披露业务整体优化角度出发，实现对信息资源的整合管理，依托一个安全、可靠、统一数据管理、高扩展可定制性的，并可以进行快速部署的信息披露管理平台，进一步推进电力现货市场公开透明运营、有序健康发展。

　　通过构建面向现货市场的电力市场信息披露平台，为市场主体创造良好的信息披露条件，支持海量电力用户、发电企业、售电公司等各类市场主体接入平台披露信息。信息披露的文档形式以可导出的、常规文件格式为主。开发面向市场主体的数据接口功能，方便市场主体披露信息和便捷批量获取市场信息。

　　市场运营机构需要依托电力市场信息披露平台开展现货市场的信息披露业务，对需要披露信息的各方和需要获取信息的各方提供相应功能支撑，获取发布信息的同时，保障信息披露的安全性，确保发布范围、发布对象符合监管要求。建立多方信息报送、审核、发布机制，包括所有市场成员、相关业务部门等，通过电力市场信息披露平台实现对信息披露管理要求的支持，创造公平、开放、透明的电力现货市场环境。

第四章

电力现货市场信息需求

有效的电力现货市场信息披露制度增强了市场的透明度，是实现市场化竞争的基础。对市场参与主体而言，信息披露不仅能够规范其交易行为，还能够减少其搜集市场信息的成本。因此，市场主体如何通过电力市场信息创造价值，成为电力现货市场环境下改善商业模式、驱动业绩增长及提高自身竞争力的重要因素。电力现货市场信息纷繁复杂，单纯的信息发布无法发挥其巨大的价值潜力，因此对市场主体所需求的信息进行分类是挖掘信息价值的前提。《披露办法》将电力现货市场信息分为四类，包括公众信息、公开信息、私有信息和依申请披露信息，很好地体现了不同类型电力现货市场信息扮演的角色。同时，同一信息对于不同主体的价值可能不同。市场主体需要准确、快速地获取电力市场信息资源，挖掘海量信息中对其最有价值和最有效的信息，进而为其交易决策提供指导，在市场竞争中获取更多的利润。

在明确信息需求的基础上，市场主体需要掌握当前信息资源的发布现状和获取途径，进而实现信息资源的有效获取。市场运营机构是当前信息资源发布的主要平台，如美国电力市场、英国电力市场和澳大利亚电力市场都有其专属的电力交易平台用于发布市场信息。中国的电力交易平台，如北京电力交易中心交易平台，发布相关的市场信息（见第三章）。各个市场主体及市场运营机构相应地发布其市场信息，市场主体间通过信息交互不仅可以互利共赢，实现效用最大化，也有助于提高社会整体经济效率。除此之外，各类官方机构和非营利组织提供了丰富的市场信息，有些甚至为市场主体提供商业解决方案等信息。

　　本章结合《披露办法》及各地相关管理办法，对电力现货市场信息需求予以分析。首先对电力现货市场所需求的信息进行分类，合理的信息分类有助于判断不同类型信息在交易过程中扮演的角色，把握其在交易过程中发挥价值的重要性，为市场主体获取信息提供参考。不同市场主体获取利润方式的不同会导致其对于信息需求的不同，本章进一步从市场主体角度出发，分析各类市场主体在电力现货市场中的信息需求的特征和差异，更具针对性地为市场主体的信息获取和交易决策提供参考。市场主体既是信息的获取者，也是信息的发布者，除市场主体以外，市场运营机构以及非营利性组织等也是信息发布的重要来源，本章重点阐述了当前电力市场信息资源的发布情况，进而更加直观地阐述了获取这些信息资源的途径和方法。

第一节　电力市场信息需求类型

　　根据《披露办法》的披露要求，电力市场的相关信息可以分别按照信息公开范围和信息披露主体进行分类。按照信息公开范围分类，将电力市场信息分为公众信息、公开信息、私有信息和依申请披露信息四类。按照信息披露主体分类，电力市场信息可以来源于发电企业、售电公司、电网企业、电力用户和市场运营机构。在此基础上，本节从信息性质的角度出发进一步将电力市场信息分为基本信息、市场信息、运营信息、规则与报告信息等。本节依据上述分类方法对市场所披露的信息进行整理，厘清电力市场信息需求类型。电力市场信息需求分类如图4.1所示。

一、公众信息

　　公众信息是指向社会公众披露的信息，按照信息性质主要包括基本信息和规则、报告信息两类，不包括市场信息和运营信息。而不同的披露主体应当披露不同的公众信息内容，其中所有的披露主体都应披露相应的基本信息，规

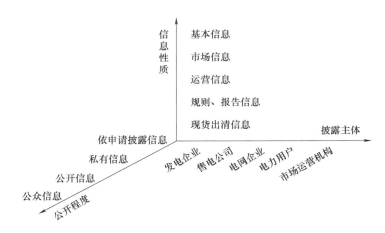

图 4.1 电力市场信息需求分类

则、报告信息仅需由市场运营机构披露。下面对具体的信息内容进行介绍。

（一）基本信息

基本信息可以体现信息披露主体参与市场的基本资质、信用状况和经营潜力等。所有信息披露主体均应披露相关的基本信息。除了需要披露全称、性质、类型、工商注册时间、营业执照、机构代码等之外，根据信息披露主体性质的不同还需要披露一些其他的基本信息。按照不同信息披露主体分类，需要披露的其他基本信息内容见表4.1。

表 4.1 公众信息中披露的基本信息

主体类型	公众信息中的基本信息
发电企业	电源类型、装机容量、所在地区、企业变更情况等
售电公司	信用承诺书、资产总额、企业变更情况、重大经营信息等
电力用户	用户类别（大用户或一般用户）、主营业务、所属行业等
电网企业	供电区域、输配电价格和线损率、各类政府性基金及附加、政府核定的输配电供电区域、输配电价格等
市场运营机构	网站网址、组织机构、业务流程、服务指南、股权结构等

对于这类信息，所有的社会公众都可以很方便地获取到，并根据这些基本信息进行相关决策和操作。根据不同成员的企业变更情况和重大经营信息，可

以直观地了解到该企业的经营状况；根据售电公司的信用承诺书、资产总额等信息，可以得到相关公司的信用情况，为选择或投资提供重要的参考；根据电力用户的规模、类别、主营业务和所属行业等信息，可以估计出其用电情况，并可以根据其是否为高新技术企业进行进一步的政策照顾；根据电网企业的供电区域、输配电价格和线损率等指标，可以初步对不同的企业进行选择；根据市场运营机构组织机构、业务流程和服务指南等，可以了解不同机构的交易规则和交易流程，选择合适的交易机构。

（二）规则、报告信息

规则、报告信息主要包括市场规则和市场相关报告，如交易规则、收费标准、信用信息等。仅市场运营机构需要披露规则、报告信息，在公众信息中主要包含的规则、报告信息有电力市场规则类信息和信用评价类信息。前者包括交易规则、现货交易相关收费标准，制定、修订市场规则的过程中涉及的解释性文档，对市场主体问询的答复等；后者包括市场主体电力交易信用信息、售电公司违约情况等。

电力市场规则信息的披露可以让各个市场主体和相关研究人员更好地把握和研究该机构的交易规则、交易流程，并能及时地与运营机构沟通，促进相关合作更顺利地进行，同时可以吸收更广泛的意见和建议，不断优化交易流程等。而信用评价类信息的披露，可以让市场主体状况更加透明，同时可以让市场运营更加公平、合理。

二、公开信息

公开信息是指向所有市场成员披露的信息，包括基本信息、市场信息、规则和报告信息以及现货出清信息。除市场运营机构外其他披露主体均应披露相应的基本信息，各披露主体也应当按照披露办法对不同的信息进行披露。下面对具体的信息内容进行介绍。

（一）基本信息

除市场运营机构外的披露主体均应披露相关的基本信息，由于各个主体的性质有所不同，其需要披露的基本信息也有所不同，具体见表4.2。

表4.2 公开信息中披露的基本信息

主体类型	公开信息中的基本信息
发电企业	电厂机组信息，包括电厂调度名称、电力业务许可证（发电类）编号、机组调度管辖关系、投运机组台数及编号、单机容量、投运日期、接入电压等级等
售电公司	电力业务许可证（供电类）编号、配电网电压等级、配电网区域等
电力用户	企业用电类别、接入地区、年用电量等
电网企业	市场结算收付费总体情况及市场主体欠费情况，电网企业代理非市场用户的总购电量、总售电量、平均售电价格等

电厂机组信息提供了诸如机组调度管辖关系、投运机组台数、单机容量，投运日期，接入电压等级等基本的发电信息，可以得到相关发电企业的规模、容量、调度关系等信息，为其他成员的运营和交易提供了信息。售电公司的配电网区域和配电网电压等级等信息不仅能够清晰地给出配电的相关信息，也可以从侧面反映出该主体的实力和规模。电力用户的企业用电类别和接入地区等信息可以让其他主体准确定位，精准地制定相关方案，合理商定电价等，而其信用情况也直接影响到其他主体的决策和判断。电网企业披露的相关欠费情况，可以侧面反映出相关主体的履约能力和业务实力，而相关的电量数据则能反映出市场的相关情况。

（二）市场信息

市场信息主要是指涉及市场实际运营过程中的交易和运行信息等。根据披露要求，电网企业和市场运营机构都需要披露一定的市场信息，这些信息与市场的各种交易和平稳运行息息相关，电网企业主要披露电网和相关设备的信息，而市场运营机构主要披露与交易相关的信息，具体见表4.3。

表4.3 公开信息中披露的市场信息

主体类型	公开信息中的市场信息
电网企业	各类型发电机组装机总体情况、各类型发用电负荷总体情况、电网设备信息等

（续）

主体类型	公开信息中的市场信息
市场运营机构	交易公告、交易品种及适用范围、交易机制及操作说明、交易计划及其实际执行情况、市场主体申报信息和交易结果、市场边界信息、市场参数信息、预测信息、运行信息、市场干预情况原始日志等

其中，电网设备信息主要包括线路、变电站等输变电设备规划、投产、退出和检修情况等。而交易公告主要包括交易品种、交易主体、交易规模、交易方式、交易准入条件、交易时间安排、交易开始时间及终止时间、交易参数、交易约束信息、交易其他准备信息等；市场边界信息主要包括电网安全运行的主要约束条件、输电通道可用容量，必开必停机组组合，非市场机组出力曲线、抽蓄电站的蓄水水位等；市场参数信息主要包括市场出清模块运行参数、约束松弛惩罚因子、节点分配因子及其确定方法等；预测信息主要包括系统负荷预测、外来（外送）电交易计划、可再生能源出力预测，水电发电计划预测等；运行信息主要包括实际负荷、系统备用信息，重要通道实际输电情况、实际运行网络断面约束情况及其影子价格情况、联络线潮流，发电机组检修计划执行情况、输变电设备检修计划执行情况等。

不难看出，相较于基本信息，市场信息的披露覆盖范围广，信息内容详细，特别是市场运营机构披露的与交易相关的信息，覆盖了交易的方方面面，实现了交易的透明和公平。

电网企业披露的电网信息可以帮助其他主体了解网架结构、发电机组和相关负荷信息，更好地进行交易与相关的决策，而设备信息中相关设备的规划、投产、维修等信息能够为交易主体的交易计划和相关规划提供重要的参考。

市场运营机构披露的交易品种、主体、规模、方式、时间安排等交易公告信息，是所有市场主体参与市场交易的必需信息，相关主体必须根据交易公告的安排为每一次交易做准备，准入条件等信息也能使相关主体了解到交易的要求，给未达到条件主体的未来发展指明了方向。交易机制及操作说明等信息为市场主体提供了更细致的交易参与方式和流程，进一步详细指导各个主体正确高效地参与交易。参与交易与成交的主体数、总申报和总成交电量以及安全校核意见等申报信息和结果，除了展示交易情况外还能提供交易的总体信息供主体参考。安全运行约束条件、输电通道可用容量、开停机组情况和抽蓄电站的蓄水水位等边界信息能够辅助各主体针对性地制定交易计划，进行相关决策。系统负荷、可再生能源出力和水电出入库等预测信息能够帮助主体提前对系统的相关情况进行预判，制定合理的发电计划，减小损失。

（三）规则、报告信息

市场运营机构还应对各相关成员增加披露的规则、报告信息，这些信息主要包括电力交易机构财务审计报告、信息披露报告等定期报告，经国家能源局派出机构或者地方政府电力管理部门认定的违规行为通报、市场干预情况、第三方校验报告等相关报告信息和主体信用信息。这样既能够为各个主体提供参考信息，优先考虑与无违约记录、信用评价好的主体进行合作，减少自身风险，又能够使各个主体主动遵守市场规则，减少违约情况的发生，形成正反馈，促进市场的良好发展，以构建一个更加合理、健全的透明交易体系。

（四）现货出清信息

与市场信息不同，现货出清信息更侧重于体现现货市场的交易情况，主要包括出清价格和容量信息。市场运营机构需要将市场出清类信息和结算信息披露给相关的市场成员。

其中，市场出清类信息包括出清电价、出清电量、调频的容量和里程价格、备用需求总量和价格等信息。而结算类信息则包括每个交易时段的结算明细、不平衡资金明细及每项不平衡资金的分摊方式等。

现货出清信息是直接体现现货交易市场交易情况的信息，包含了各种价格和容量信息，是所有主体在交易时需要的核心信息，也是直接关系到利益的敏感信息，充分、及时地掌握这些信息可以提升主体在市场中的竞争力。

三、私有信息

私有信息是指向特定的市场主体披露的信息，涉及相关市场成员的隐私和利益，仅特定的市场成员有权访问。不同的市场成员应当披露的私有信息有所不同，除一些基本信息外，主要以自身的运营信息为主，市场运营机构还应披露一些现货出清信息。

（一）基本信息

电力用户的一些基本信息被列为私有信息，包括电力用户用电信息和中长期交易信息。前者包括用电户号、用电户名、结算户号、计量点信息、用户电量信息、用户用电曲线等，后者包括中长期交易结算曲线、批发用户电力市场申报电能量价曲线、可参与系统调节的响应能力和响应方式等。这些信息反映了电力用户特别是大用户的历史用电情况以及对电价的相关期望值，可能会对价格谈判造成影响。

（二）运营信息

运营信息主要涉及相关主体日常运作的信息，可以从一定程度反映出相关主体的企业运行状况及趋势。发电企业和售电公司的一些运营信息也被列为私有信息，主要包括发电企业的交易结算价格，机组相关信息与发电资源信息等和售电公司的相关合同信息。具体见表4.4。

表 4.4　私有信息中披露的运营信息

主体类型	私有信息中的运营信息
发电企业	中长期交易结算曲线、电力市场申报电能量价曲线、上下调报价、机组性能参数、机组运行情况，各新能源发电企业日前、实时发电预测等
售电公司	中长期交易结算曲线、电力市场申报电能量价曲线、与代理用户签订的相关合同或协议信息、与发电企业签订的交易合同信息等

其中，发电企业的机组性能参数包括机组爬坡速率、机组边际能耗曲线、机组最小开停机时间、机组预计并网和解列时间、机组起停出力曲线、机组调试计划曲线、调频、调压、日内允许起停次数、厂用电率、热电联产机组供热

信息等，机组运行情况包括出力及发电量、机组检修及设备改造计划和机组出力受限情况等。

（三）现货出清信息

根据要求，市场运营机构还要披露一些私有信息中的现货出清信息。包括各市场主体的中长期交易结算曲线以及各市场主体日清算单、月结算单、电费结算依据等结算类信息。

四、依申请披露信息

根据《披露办法》的要求，发电企业如有报送国际河流水电企业相关数据，应当依申请进行披露。其他主要由电网企业一个主体依申请披露信息，包括：报送各非市场用户的类型，购售电电量和电价等；报送市场用户进入市场前的用电信息；报送能够准确复现完整市场出清结果的电力市场模型及相关参数（采用节点边际电价、分区边际电价的电力现货市场地区），包括 220kV 及以上输电设备（输电线路和变压器）联结关系，输电断面包含的输电设备及其系数、潮流方向、潮流上下限额等。同时文件规定，依申请披露信息纳入特定管理流程，由市场成员向试点地区第一责任单位报送。申请人发起申请，经试点地区第一责任单位审核通过并承诺履行保密责任后方可获取相关信息。如不能按时披露申请人提出的相关信息，应当明确延期披露的原因及时限，并在信息披露平台上专栏公示。

第二节 各类市场主体信息需求特征及其差异分析

在电力现货市场交易运营过程中，只有市场主体能够获得所需要的关键信息时，所做出的决策才能使市场具有最佳的资源配置效率，而一旦市场中出现了某些信息缺失或信息不对称的状况，市场必然会偏离最优运行的轨道，甚至出现市场失灵。因此对信息需求的研究有必要从电力市场中的每一种参与主体入手。电力现货市场中的参与主体包括发电企业、售电公司、电力用户、电网企业和新兴主体等。它们获取信息以及信息交互状况的好坏直接决定了市场效率的高低。

本节在第一节明确所需求的信息类型基础上，从市场参与主体的角度出发，提炼对市场参与主体有价值的信息，分析这些信息给主体带来的价值。保证市场主体获取相应信息的外部条件是市场公平性和效率性的基础，而精确把握对做出交易决策具有重要参考价值的信息可以使参与主体创造合适的内部条件，从而获取更高的交易速度和交易收益。外部条件与内部条件相结合可以增强市场主体之间的竞争，从而整体上提高社会福利。

一、发电企业

本部分主要介绍发电企业的信息需求特征。发电企业是整个电力系统能量的供给者，但由于电能无法大量储存这一特点，电网中的发电量必须与负荷量保持实时平衡，因此发电企业需要根据负荷量以及电网运行情况决定自身的发电量，同时也需要根据电力市场中的供求关系以及价格等信息把握竞标策略，从而提高自身的收益和效率。因此，发电企业需要一系列的信息资源，作为未来发电计划以及扩展发展的依据。

发电企业的信息需求主要从市场运营机构、电网企业、售电公司和大用户获取。从市场运营机构主要获取的信息包括：市场中的需求报价数据以及发电机组报价数据；市场交易信息，包括日前市场、实时市场的交易情况等；年合约市场的竞争电量；价格预测信息；非市场化用户的购电量、售电量，电网代理非市场用户的购销价差等；市场结算收付费总体情况及市场主体欠费情况；辅助服务市场信息。从电网企业主要获取的信息包括：负荷预测信息，如日预测、月预测、季度预测和年预测的信息；电量、电量在各主要负荷节点的分布、各大行业用电量、月最大负荷；电网实时的运行信息；年度检修计划等。从售电公司主要获取的信息包括：各售电公司需求电量以及报价信息、中长期交易结算曲线、电力市场申报电能量价曲线、与代理用户签订的相关合同或协议信息、与发电企业签订的交易合同信息。

根据信息性质的不同，发电企业所需求的信息见表4.5。

表4.5　发电企业信息需求表

信息类别	信息内容	
系统运行信息	发电（预测值/实际值）、负荷（预测值/实际值）、系统运行概要、发电机/输电线路停运情况、跨区输电量（计划/实际）、检修计划	
市场交易信息	日前市场	阻塞情况、节点边际电价
	实时市场	阻塞情况、节点边际电价
	预测信息	交易电量预测、价格预测、阻塞预测
	历史报价数据	发电机组报价数据、日前需求报价数据、日前增量/减量报价数据、需求侧响应报价数据
	辅助服务市场信息	辅助服务调用历史记录，调频出清价、出清量，旋转备用出清量、出清价，黑起动收益规定、无功服务收益规定

系统运行信息是发电企业必须关注的重要信息，主要影响的是发电企业的发电量和发电计划。发电企业会根据系统的运行情况以及调度中心的调度指令决定自身的实时发电情况，当同一电网内发电机组停机时，发电企业可以根据情况考虑是否增发，根据系统线路的停运情况考虑增发或减发功率，根据检修计划可以制定未来的发电计划。

市场交易信息主要影响的是发电企业的竞标电价和售电收益，通过对交易信息的实时关注，发电企业可以把握电价情况，从而根据电价拟定报价方案，提高收益以及交易效率。

二、电网企业

本部分主要介绍电网企业的信息需求特征。电网企业负责获取透明的价格信息，便于其针对电力基础设施和一级、二级资本市场进行投资决策。

电网企业的信息需求主要从发电企业、市场运营机构和电力用户获取。从发电企业主要获取的信息包括：发电机组的额定容量以及剩余可发容量；机组的运行情况，包括出力及发电量、机组检修及设备改造计划、机组出力受限情况等；机组起动费用、机组空载费用等，机组爬坡速率、机组边际能耗曲线、机组最小开停机时间、机组预计并网时间、机组起停出力曲线、机组调试计划曲线、机组出力约束信息、电厂机组调峰、调频、调压等机组性能参数。从市场运营机构主要获取的信息包括：市场成员信息，如企业注册及变更信息、代理零售用户信息；发电计划信息，如交易计划、交易申报；发电合同信息，如中长期合同信息、发电企业合同信息、售电公司合同信息；市场交易信息，如日前市场和实时市场的交易情况、市场结算信息。从电力用户主要获取的信息包括：用户负荷数据，负荷预测数据；配网用户类型，最大用电量；企业用户用电类别、接入地区等；企业用电电压等级、供电方式、自备电源、最大变压器容量等。

电网的运营是电网企业的职责所在，在电网的运营过程中，首先要对整个电网进行电力调度确保电网实时的供需平衡和稳定经济运行，从发电企业获取的机组信息以及从电力用户获取的负荷信息可以帮助电网企业把握整个电网的运行状况和运行趋势，从而维持电网的供需平衡。同时，这些信息也有利于调度中心进行合理的最优调度，为电力系统的稳定性和经济性提供保障。其次，可以根据电网的运行情况和发展状况设计电网设施的扩建方案。根据获取的信息，电网运营侧可以做出相应的决策和计划方案，从而提高整体的运行效率。

三、售电公司

本部分主要介绍售电企业的信息需求特征。售电公司同时作为购电方和售电方，需要从市场中获取电力供应状况及必要的价格信息，并向市场发布自身的购电信息，同时从用户获取电量信息，掌握用户用电特征，制定合理的售电策略。

售电公司的信息需求主要从发电企业、市场运营机构、电网企业、电力用户以及公共平台获取。从发电企业获取的主要信息包括：发电企业发电量以及发电计划；机组发电供应信息、报价信息；中长期交易结算曲线、电力市场申报电能量价曲线、上下调报价、机组起动费用、机组空载费用等；新能源发电企业日前、实时发电预测以及报价信息；机组起停信息。从市场运营机构获取的主要信息包括：市场中的需求报价数据，以及发电机组报价数据；市场交易信息，包括日前市场、实时市场的交易情况等；年合约市场的竞争电量；价格预测信息；市场成员信息；平衡信息。从电力用户获取的主要信息包括：企业性质、用户类别（大用户或一般用户）；与其他市场主体之间的关联关系信息；企业用电类别、接入地区、信用情况等；企业用电电压等级、供电方式、自备电源（如有）、最大变压器容量等；电力用户用电信息，包括用电性质以及计量点信息、用户电量信息等；电力用户运营信息；中长期交易结算曲线、批发用户电力市场申报电能量价曲线；从公共平台获取的主要信息有：气象信息、政府信息、舆情信息、经法信息以及第三方信用评价信息。具体信息见表 4.6。

表 4.6 售电公司公共平台信息需求表

信 息 类 别	信 息 内 容
气象信息	天气预报及实测数据
政府信息	政策类信息、电力市场相关通知
舆情信息	社会关注热点
经法信息	市场主体成员的经营状况、司法诉讼信息
第三方信用评价信息	市场主体成员第三方信用评价机构评价信息

公共信息也是售电公司需要获取的信息类型。由于太阳能、风能等新能源受气象因素影响大且价格较低，气象信息的获取可以帮助售电公司掌握新能源供给的走势，从而及时制定购电策略，提升售电收益。政府发布的政策类信息以及电力市场类信息可能对电力市场和用电用户产生影响，进而影响售电公司的购售情况。舆情信息主要影响电力用户。根据所获取的以上公共信息，售电公司可以快速地调整销售计划和销售策略，提高自身反应速度和售电收益。而经法信息以及第三方信用评价信息主要提供市场主体成员的信息，便于售电公司对交易对象进行选择。

四、电力用户

本部分主要介绍电力用户的信息需求特征。电力用户作为购电方参与交易，则需要从市场中获取供求状况及必要的价格信息，并向市场发布自身的购电信息。电力用户通过了解价格波动和变化的基本原因，监督价格公平、合理性，可以促进需求侧响应以引导电力用户用电行为，还可以促进供电服务质量提高。

电力用户的信息需求主要从发电企业、市场运营机构和售电公司获取。从发电企业主要获取的信息包括：发电企业发电量以及发电计划；机组发电供应信息，报价信息；中长期交易结算曲线。从市场运营机构主要获取的信息包括：市场成员信息；市场中的需求报价数据，以及发电机组报价数据；市场交易信息，包括日前市场、实时市场的交易情况等；价格预测信息。从售电公司主要获取的信息包括：计划信息，如交易计划和申报计划；交易信息，如实时电价、历史电价；合同信息，如中长期合同信息、发电企业合同信息、售电公司合同信息、零售合同信息、批发合同信息；结算信息：交易结算曲线、结算电价等。

电力用户获取信息主要用于进行电力交易，减少用电成本。在电力用户所获取的信息中，最主要的信息是售电公司发布的交易信息。根据用户的类型及体量大小可以将用户分为个体用户和企业用户。个体用户体量较小，一般直接与售电公司进行电力交易，根据售电公司所提供的交易信息（实时电价、历史电价、结算电价等信息）即可做出决策。而企业用户作为大体量用户，微小的电价差别也会导致用电成本的较大起伏，因此它们会在电力交易上投入更多精力以减小用电成本。除了基本的售电公司侧信息外，企业用户也会获取市场侧的报价数据、市场交易信息、价格预测信息，以及发电企业侧的发电企业发电量以及发电计划、机组发电供应信息、报价信息等，预测电价的未来走势，结合自身的用电需求，做出合理的购电策略，从而降低自身的用电成本。

五、新兴主体

本部分主要介绍综合能源服务商、虚拟电厂等新兴主体的信息需求，阐释如何通过挖掘信息价值提升新兴主体运营收益。

（一）综合能源服务商

综合能源服务商是综合能源系统的核心部分，综合能源服务围绕供能、用能和服务三方面，将能源销售服务、分布式能源服务、节能减排与需求响应服务等功能聚合到一起，包含综合能源和综合服务两大任务，具有综合、共享、高效、互联的基本特征。

综合能源系统中接入了冷、热、电、气等多种能源体系，需要获取供应原料、用户需求和市场运营等多方面的信息，以实现对整体能源系统的优化运行，可归纳为冷热电气的需求信息、原料信息、能源市场信息、储能信息、交通网信息、气象信息、政府信息、舆情信息，具体内容见表4.7。

表4.7　综合能源服务商信息需求表

信 息 类 别	信 息 内 容
需求信息	电、气、热、冷需求
原料信息	煤炭、石油、焦炭、天然气等的价格、各类原料供需关系、原料开采及销售预测信息
能源市场信息	能源市场交易、结算信息；电网、天然气、热网运行信息；能源市场预测信息
储能信息	存储容量、剩余容量、成本价格
交通网信息	交通网运行信息、电动汽车充电站数据
气象信息	天气预报及实测数据
政府信息	政策类信息、电力市场相关通知
舆情信息	社会关注热点

综合能源服务商最主要的任务之一就是能源服务，若要维持综合能源系统的运行，就必须保证能源系统的供需平衡。需求信息和原料信息的获取可以帮助综合能源服务商对综合能源系统的供需关系进行把握，维持系统的稳定和可

靠运行。能源市场信息中的能源市场交易信息、结算信息、能源市场预测信息以及能源系统运行信息则描述了能源系统的运行情况和能源的流动情况。交通网信息、气象信息、政府信息以及舆情信息则为综合能源系统的运行趋势提供了参考。由于综合能源系统的综合特性，系统内的各种能源互相联通，互相影响，能源之间的互补特性使得能源系统牵一发而动全身，例如：雷雨天气的出现会使得电力系统中光伏发电、风能发电、水力发电的发电量产生变化，同时也使供热或供能需求发生改变，而天然气作为能源既可用来发电又可用来发热，由此能源转化关系和天然气的供需关系也发生变化，因此，通过获取原料信息、交通网信息、气象信息、政府信息以及舆情信息可以帮助综合能源服务商对能源系统的运行情况进行预测，从而做出及时、有效的反应，维持能源系统的平衡，同时提高整体收益。

（二）虚拟电厂

虚拟电厂是通过先进信息通信技术和软件系统，实现分布式电源、储能系统、可控负荷、电动汽车等分布式资源的聚合和协调优化，参与电力市场和电网运行的电源协调管理系统。"通信"与"聚合"是虚拟电厂的两大特征，虚拟电厂作为中间纽带，连接着电网与分布式资源，因此需要从各方获取大量的运行数据和市场信息以协调整个系统的高效运行。虚拟电厂信息网络中心所需要的信息主要包括：电力系统运行信息，包括发电及负荷的预测值和实际值、系统运行概要、停运情况、检修计划等；电力市场信息，包括交易信息和结算信息等；发电企业信息；储能信息；交通网信息和气象信息。具体内容见表4.8。

表4.8　虚拟电厂信息需求表

信 息 类 别	信 息 内 容
电力系统运行信息	发电（预测值/实际值）、负荷（预测值/实际值）、系统运行概要、发电机/输电线路停运情况、跨区输电量（计划/实际）、检修计划
电力市场信息	市场交易、结算信息

（续）

信 息 类 别	信 息 内 容
发电企业信息	常规发电企业发电量以及发电计划、分布式能源发电企业发电量以及预测值、发电企业燃料、燃气供应情况、存储情况、燃料供应风险等
储能信息	存储容量、剩余容量、成本价格
交通网信息	交通网运行信息、电动汽车充电站数据
气象信息	天气预报及实测数据

作为一类特殊的电厂，虚拟电厂能够有效地聚合大规模分布式能源和需求侧资源，形成独立可控的市场主体。在参与市场投标竞价的过程中，虚拟电厂需要获取电力系统的运行信息和电力市场交易信息、结算信息等，根据市场信息提升自身收益。同时，虚拟电厂作为各类分布式资源的聚合体，具有维持内部稳定运行和提高整体收益的任务。要维持内部的稳定运行，就需要对各电源的发电信息和储能信息进行获取，从而协调内部系统的运行并进行优化处理，提升整体收益。交通网信息和气象信息的获取主要用于数据预测，便于拟定参与电力市场时的报价和维持虚拟电厂的内部平衡。

第三节　电力市场信息资源的状况

各类市场主体既有获取电力市场信息并进行自我决策的权利，也有真实、准确、及时、完整地发布信息资源的义务。本节主要从市场主体（市场运营机构见第三章，在此不再赘述），包括发电企业、电网企业、售电公司的角度出发，阐述当前电力市场资源信息发布的状况，并补充相关协会如中国电力企业联合会（以下简称中电联）发布的信息资源。信息资源的状况主要是指相关成员发布信息资源的主要内容、展示形式等。

一、发电企业信息资源

本部分主要介绍发电企业发布信息资源的主要状况。发电企业向公众发布企业基本信息，向市场所有成员发布机组台数、单机容量、总装机容量、接入地区、电压等级等信息，向交易机构和调度机构及特定主体发布发电机组特性参数、各机组中标电量、中标价格、电量清算情况、电费结算情况和市场化价格信息等。

以中国大唐集团有限公司为例进行分析。中国大唐集团有限公司是一家特大型发电企业集团，主要从事电力能源的开发、投资、建设、经营和管理；组织电力（热力）生产和销售；电力工程、电力环保工程承包与咨询；新能源开发等业务。大唐集团官方网站通过新闻中心板块发布信息，主要分为生产经营与财务报告两部分，生产经营下分：产业板块、装机容量、发电量、电源结构、资产结构；财务报告下分：资产总额、营业总收入和利润总额，均以图表的形式发布其信息，具体内容如图4.2和图4.3所示。

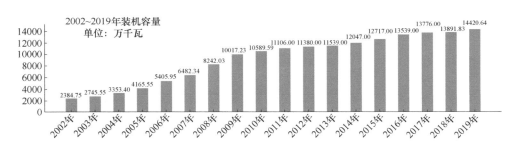

图4.2　中国大唐集团有限公司装机容量

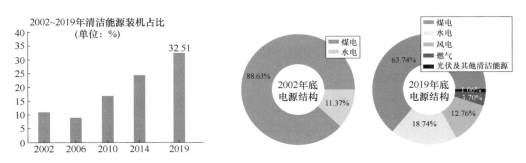

图4.3　中国大唐集团有限公司电源结构

二、电网企业信息资源

电网企业作为提供电力输送任务的主体，除了公示公司基本信息之外，还需要向公众发布供电服务信息，如停电、限电公告和故障抢修处理情况等。向相关主体提供限制电力交易完成的具体输配线路或者输变电设备名称、容量限制、限制依据、该输配电线路上其他用户的使用情况、约束时段等。国家电网有限公司作为中国最大的电网企业，覆盖我国 26 个省（自治区、直辖市），供电范围占国土面积的 88%，供电人口超过 11 亿。除了公司基本信息外，其信息公开内容主要分为：公示公告、人资招聘和物资采购，披露了国家电网有限公司的项目实施、验收及资金情况。此外，还展示了中国特高压工程的建设情况（累计线路长度、累计变电（换流）容量和累计输送电量）和清洁能源利用情况（水力、风力、太阳能发电装机容量），以及智慧车联网发展情况等。图 4.4~图 4.6 给出了相关业务的数据情况。

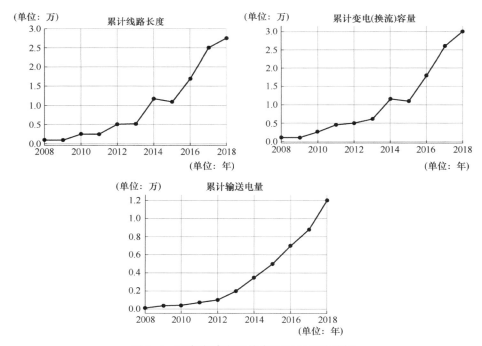

图 4.4 国家在建在运特高压工程相关数据

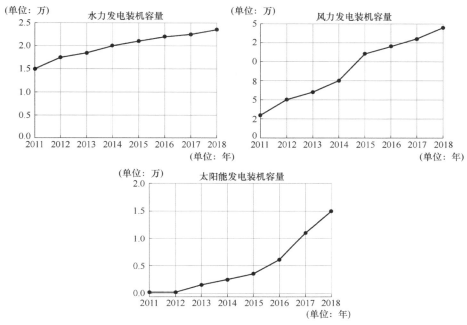

图 4.5　国家电网调度清洁能源业务相关数据

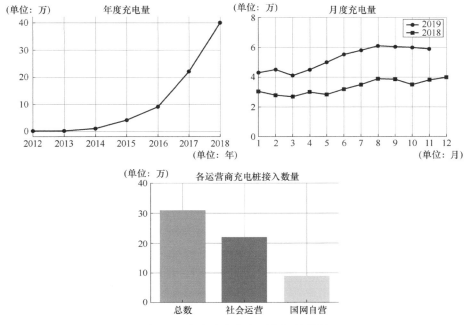

图 4.6　高速公路充电网络相关数据

三、售电公司信息资源

本部分主要介绍售电企业发布信息资源的主要状况。售电公司需要公示公司资产、经营状况等情况和信用承诺，对公司重大事项进行公告，并定期发布公司年报。同时也要发布其代理电力用户的电力电量需求和交易完成情况。

以新加坡电力零售市场（Open Electricity Market）为例。自 2001 年以来，新加坡能源市场管理局（EMA）逐步开放了电力零售市场以参与竞争。这是为了让消费者在购买电力时享有更多选择和灵活性。参与电力零售市场的零售商见表 4.9。消费者还将在享有相同电力供应的同时受益于具有竞争力的价格和创新的报价。新加坡电力零售市场向住宅和商业用户提供所有参与市场的零售商信息，包括价格对比、消费者保障、零售商清单、零售商资源等信息，并对各个零售商的能力进行评估打分。Diamond Electric 零售商在其主页上为不同类型的客户提供了各类优惠套餐，此外详细提供了交易条款、支付信息、投诉流程、行为守则等信息。

表 4.9　新加坡电力零售市场的零售商

序　　号	零　售　商
1	Best Electricity Supply Pte Ltd
2	Diamond Energy Merchants Pte Ltd
3	Geneco（by Seraya Energy Pte Ltd）
4	iSwitch Pte Ltd
5	Keppel Electric Pte Ltd
6	Ohm Energy Pte Ltd
7	PacificLight Energy Pte Ltd
8	Sembcorp Power Pte Ltd
9	Senoko Energy Supply Pte Ltd
10	Sunseap Energy Pte Ltd
11	Tuas Power Supply Pte Ltd
12	Union Power Pte Ltd

四、其他信息资源

本部分主要介绍电力相关的组织机构发布信息资源的主要状况。各个组织机构如国家能源局、国家统计局、中电联对电力市场发挥引导和监管的作用。其发布的信息资源包括从政策上进行引导和从趋势上进行预判，并且从全局的角度对电力市场的交易情况进行定期总结，发布相关数据。

（一）国家能源局

国家能源局在电力市场中的职责主要为：监管电力市场运行，规范电力市场秩序，监督检查有关电价，拟订各项电力辅助服务价格，研究提出电力普遍服务政策的建议并监督实施，负责电力行政执法。以上职责由国家能源局下设的市场监管司负责，具体的工作包括：组织拟订电力市场发展规划和区域电力市场设置方案，监管电力市场运行，监管输电、供电和非竞争性发电业务，处理电力市场纠纷，研究提出调整电价建议，监督检查有关电价和各项辅助服务收费标准，研究提出电力普遍服务政策的建议并监督实施，监管油气管网设施的公平开放。例如，2020年某两周发布的部分信息见表4.10。

表 4.10　国家能源局部分信息发布

时　　间	通 知 信 息
2020-08-07	《国家能源局综合司关于加强电力行业危化品储存等安全防范工作的通知》
2020-06-03	《国家能源局综合司关于开展提升用户"获得电力"优质服务水平综合监管的通知》
2020-07-14	《国家能源局综合司关于开展跨省跨区电力交易与市场秩序专项监管工作的通知》
2020-07-27	《国家能源局综合司关于开展风电开发建设情况专项监管的通知》
2020-07-28	《关于开展首批智能化示范煤矿建设推荐工作有关事项的通知》

如表4.10所示，国家能源局发布的信息主要为政策法规信息，从政策上引导和规范市场行为。此外，从国家能源局政府信息公开目录中可以申请公开政策法规、能源监管、项目审批（核准）和行业标准等信息资料。

（二）国家统计局

国家统计局是国务院直属的机构，其在电力市场领域的主要职责是：组织实施能源、投资、消费等统计调查，收集、汇总、整理和提供有关调查的统计数据，综合整理和提供全国性基本统计数据。

国家能源局统计数据专栏中的信息资源主要为数据查询及解读，从全局的角度对于电力市场的交易情况进行定期总结，发布并解读相关数据。

（三）中电联

中电联是由电力相关企事业单位和电力行业性组织自愿结成的全国性、行业性社会团体，是非营利性社会组织，负责电力能源相关行业的信息收集、统计、分析和发布，其主要业务是通过提供指导、咨询、信息等服务，为企业、行业提供支撑。

中电联的信息发布板块中有详细的数据及可视化图表，在这一板块中每日更新中国电煤采购价格指数，定期发布电力工业运行、消费情况，每年发布中国电力行业年度发展报告等信息。此外，中电联"研究成果"板块中还会发布科技前沿、政策建议和市场调研报告。

第四节　电力市场信息获取

在第三节介绍各个市场主体发布信息资源现状的基础上，本节主要介绍获取这些信息资源的途径与方法。当前电力市场信息资源的获取主要有三种途径，一是从电力交易中心构建的电力交易平台获取，二是从各个市场主体如发电企业、售电公司官网获取，最后是从政府组织机构或非营利性组织机构网站获取。

一、电力交易平台

本部分主要介绍当前各个国家电力交易平台的建设和运营情况。国外以欧洲 Nord Pool 市场为例，国内以广东电力交易中心交易平台为例。

（一）北欧市场 Nord Pool

Nord Pool（https://www.nordpoolgroup.com/）运营着欧洲领先的电力市场，为客户提供日前和日内市场。日前市场是交易电能量的主要领域，日内市场是日前市场的补充，有助于确保供需之间的平衡。

Nord Pool 的首页中罗列着一系列的菜单栏，菜单栏中的 MARKET DATA 导向北欧电力市场运行的详细数据。TRADING 是市场交易入口。SERVICES 导向 Nord Pool 所提供的各项服务，包括能源数据服务、投诉窗口、咨询窗口和培训部门。MEDIA 导向 Nord Pool 的官方介绍。同时，在首页下方也显示着近 8 日的电价变化曲线。

通过单击 MARKET DATA 可以获得北欧电力市场运行的详细数据，包括日前市场（NORD POOL DAY-AHEAD）、日内市场（NORD POOL INTRADAY）、英国市场（NORD POOL UK）、调频功率（REGULATING POWER）和电力系统数据（POWER SYSTEM DATA）。日前市场的数据包含价格（Prices）、电量（Volumes）、容量（Capacities）和潮流（Flow）；日内市场的数据包含市场数据、电量、基准容量（Initial Capacities）、潮流、传输容量（Transmission Capacity）、总调度潮流（Total Scheduled Flow）、日内竞价（Intraday Auction）和指标（Indices）；英国市场的数据包含电价（Prices）、块合同价格（Block Prices）、电量、容量、潮流、半小时电价（Half Hourly Prices）等；调频功率的数据包括调频价格（Regulating Prices）、调频容量（Regulating Volumes）等；电力系统数据部分包含生产数据（Production）、消费数据（Consumption）、水库信息（Hydro Reservoir）等。

以日前市场分时价格数据为例，可下载数据见表 4.11。

表 4.11　Nord Pool 日前市场分时电价数据（单位：欧元/MWh）

2020 年 8 月 22 日	全网电价	SE1	SE2	FI
00-01	4.94	15.10	15.10	15.94
01-02	4.72	14.82	14.82	14.82

（续）

2020 年 8 月 22 日	全网电价	SE1	SE2	FI
02-03	4.42	14.22	14.22	14.22
03-04	4.30	14.42	14.42	14.42
04-05	4.08	14.35	14.35	14.35
05-06	4.07	14.03	14.03	14.03
06-07	4.31	12.90	12.90	22.97
07-08	5.17	14.83	14.83	25.17
08-09	6.01	15.59	15.59	28.64
09-10	6.51	16.11	16.11	29.99
10-11	6.47	16.18	16.18	28.39
11-12	6.25	16.16	16.16	26.20
12-13	5.91	16.19	16.19	27.72
13-14	5.09	14.74	14.74	29.40
14-15	4.42	13.65	13.65	32.60
15-16	4.92	13.09	13.09	31.42
16-17	5.95	14.98	14.98	32.77
17-18	6.83	16.36	16.36	33.76
18-19	7.00	16.60	16.60	34.63
19-20	6.85	16.55	16.55	31.63
20-21	6.80	16.54	16.54	31.14
21-22	6.80	16.63	16.63	40.02
22-23	6.56	16.33	16.33	33.36
23-00	5.80	16.18	16.18	23.50
最小值	4.07	12.90	12.90	14.03
最大值	7.00	16.63	16.63	40.02
平均值	5.59	15.27	15.27	26.30

（二）广东电力交易中心交易平台

广东电力交易中心（https://pm.gd.csg.cn/views/index.html）不以营利为

目的，在政府监管下为市场主体提供规范、公开、透明的电力交易服务。广东电力交易中心是广东省电力市场业务的组织实施机构，履行电力市场交易管理职能。主要负责市场交易平台的建设、运营和管理；负责电力市场政策、交易规则研究；负责电力交易组织，汇总电力用户与发电企业自主签订的年度合同；负责市场运营管理，包含市场主体注册管理、披露和发布市场信息；负责提供结算凭证和相关服务；依法接受国家能源局南方监管局、广东省经济和信息化委员会、广东省发展和改革委员会的监管。

经过近年来的发展建设，广东电力市场日渐活跃，建成了较为成熟的双边协商、集中竞价、挂牌交易和发电权转让等一二级衔接和场内外互补的中长期交易品种，建立了较为完善的结算体系和市场服务体系，搭建了公开、透明、稳定的交易平台，实现了资源的优化配置。截至 2020 年底，广东电力市场准入主体达到 25072 家，累计完成市场交易电量 2716 亿千瓦时，市场整体呈现出竞争有序、开放活跃的局面。

广东电力交易中心平台所提供的信息主要分为信息披露、法律规制、市场数据和办事指南四个部分。广东电力市场公布的市场数据包含市场主体信息、年度交易、月度集中竞争交易、发电合同转让交易数据。单击导航栏中的"市场数据"可获得详细的数据内容。在市场主体信息中将市场主体分为发电企业、大用户、一般用户和售电公司四类。具体内容包括：发电企业的企业代码、企业名称、所属电网公司和调度关系；大用户的代码、名称、所属地区、企业性质和行业分类；一般用户的代码、名称、所属地区、企业性质、行业分类和所属园区；售电公司的代码、名称、所属地区和企业性质。

年度交易数据中展示了各年份的年度交易情况，包括发电成交家数、用电成交家数、成交电量和成交平均申报价差。

月度集中竞争交易数据中包含了各月份的供应方、需求方申报及成交概况（供应方和需求方的参与申报数、申报电量、成交数、成交电量、成交平均申报价差、最高成交申报价差、最低成交申报价差），安全约束调整情况（供应方和需求方的调增个数、调增成交电量、调减个数、调减成交电量）和成交概况（总成交电量、供应方边际成交、申报价差、需求方边际成交、申报价差、统一出清价差）。

同时，广东电力市场每半年公布一份半年度报告，发布市场外部环境、市场运行情况、南方（以广东起步）电力现货市场试运行情况。单击"信息披露"可获得半年度报告，以上半年报告为例，内容主要包含以下几个部分：上半年广东电力市场运行环境，包括宏观经济形势、电力供需情况、电网运行情况、电力体制改革政策；上半年广东电力市场运行情况，包括市场总体状况、市场准入标准、市场主体情况、中长期市场交易情况、中长期市场结算情况、零售市场情况、现货按日结算试运行；上半年广东电力市场建设情况；下半年工作安排，包括电力市场形势分析、半年重要工作安排。

二、市场主体网站

本部分主要介绍如何从各个市场主体获得电力市场信息。各市场主体主要通过自己的官方网站发布相关信息。这部分采用举例的方式，从各个市场主体中筛选出比较经典的案例进行展示。

（一）中国大唐集团有限公司

中国大唐集团有限公司是 2002 年 12 月 29 日在原国家电力公司部分企事业单位基础上组建而成的特大型发电企业集团，是中央直接管理的国有独资公司，是国务院批准的国家授权投资的机构和国家控股公司试点，注册资本金为人民币 153.9 亿元。主要经营范围为：经营集团公司及有关企业中由国家投资形成并由集团公司拥有的全部国有资产；从事电力能源的开发、投资、建设、经营和管理；组织电力（热力）生产和销售；电力设备制造、设备检修与调试；电力技术开发、咨询；电力工程、电力环保工程承包与咨询；新能源开发；与电力有关的煤炭资源开发生产；自营和代理各类商品及技术的进出口；承包境外工程和境内国际招标工程；上述境外工程所需的设备、材料出口；对外派遣实施上述境外工程所需的劳务人员。中国大唐集团有限公司的信息主要通过经营发展专栏披露（http://www.china-cdt.com/dtwz/showfirstDoc/index_

jyfz&s. html），单击"经营发展"可以获取其生产经营及财务报告，单击子栏目如"资产总额"可以获取 2002 年以来大唐电力的资产总额变化情况。

（二）Ohm 电力零售商

Ohm 是新加坡的一家四星级电力零售商，为用户提供各类电力服务。从新加坡零售市场官网（https://www. openelectricitymarket. sg/residential/list- of- retailers）进入零售商主页后，为获得电力套餐价格信息，可以单击"Price Plan"，从而获得不同类型套餐的服务类别与价格信息，单击"More Info"还可以获取其详细付款信息。在工具栏中输入房屋类型、月度平均用电量、供应起始时间等信息可以自动帮助推荐最合适的套餐。

三、其他机构网站

本部分主要介绍一些政府机构或者非营利性组织为电力市场成员和公众发布的信息。

（一）国家市场监督管理总局

国家市场监督管理总局（http://www. samr. gov. cn/）负责市场综合监督管理。起草市场监督管理有关法律法规草案，制定有关规章、政策、标准，组织实施质量强国战略和标准化战略，拟订并组织实施有关规划，规范和维护市场秩序，营造诚实守信、公平竞争的市场环境。负责市场主体统一登记注册。指导各类企业、农民专业合作社和从事经营活动的单位、个体工商户以及外国（地区）企业常驻代表机构等市场主体的登记注册工作。建立市场主体信息公示和共享机制，依法公示和共享有关信息，加强信用监管，推动市场主体信用体系建设。负责组织和指导市场监管综合执法工作。指导地方市场监管综合执法队伍整合和建设，推动实行统一的市场监管。组织查处重大违法案件。规范市场监管行政执法行为。

（二）国家能源局

国家能源局（http://www. nea. gov. cn/）负责监管电力市场运行，规范电力市场秩序，监督检查有关电价，拟订各项电力辅助服务价格，研究提出电力普遍服务政策的建议并监督实施，负责电力行政执法。监管油气管网设施的公平开放。起草能源发展和有关监督管理的法律法规送审稿和规章，拟订并组织实施能源发展战略、规划和政策，推进能源体制改革，拟订有关改革方案，协调能源发展和改革中的重大问题。

（三）国家统计局

国家统计局（http://www.stats.gov.cn/）是国务院直属的机构。主要职责是：承担组织领导和协调全国统计工作，确保统计数据真实、准确、及时的责任。制定统计政策、规划、全国基本统计制度和国家统计标准，起草统计法律法规草案，制定部门规章，指导全国统计工作。组织实施能源、投资、消费、价格、收入、科技、人口、劳动力、社会发展基本情况、环境基本状况等统计调查，收集、汇总、整理和提供有关调查的统计数据，综合整理和提供资源、房屋、对外贸易、对外经济等全国性基本统计数据。

（四）中电联

中电联（https://www.cec.org.cn/）的主要职能包括：开展调查研究，提出电力改革与发展的政策建议，参与电力行业立法、规划、产业政策、行业指南、行业准入条件制订和体制改革工作；制定并监督执行行业约规，建立行业自律机制，推动诚信建设、规范会员行为、协调会员关系、维护行业秩序；反映会员和行业企业的诉求，维护会员和行业企业的合法权益。

（五）美国能源信息管理局（U.S. Energy Information Administration，EIA）

EIA（https://www.eia.gov/）是一个独立的信息统计与分析部门，为能源政策的制定提供数据支撑。在美国能源信息管理局首页单击"Sources&Uses"选项，继续单击"Electricity"可获得电力数据。年度方面，EIA《年度能源展望》提出了美国能源信息署对2050年之前能源市场前景的评估。网址为：https://www.eia.gov/outlooks/aeo/pdf/AEO2020%20Electricity.pdf。

EIA按月度或年度披露各种电力生产信息，主要有地域范围、燃料类型、电源种类、发电部门、时序等不同的维度。EIA公布的电力生产信息可以在多种维度之间组合，如各州以煤炭为燃料的独立发电商的全月发电量。其中，若无特别说明，按地域范围分为全国和各州，按发电部门分为电力公共事业部门、独立发电商、工业、商业、居民发电等，按时序分为统计月全月数据和该年截至该月底数据。

EIA 网址上可获取每小时的电力运行数据（Hourly Electricity Operating Data），包括实际出力和预测需求（Actual and Forecast Demand）、净发电量（Net Generation）以及电力系统之间的潮流（Power Flow）等数据。在 EIA 网址单击"DATA"选项，选择"Realtime electric system operating data"获得实时电力系统运行数据。

（六）新西兰电力局（The Electricity Authority）

新西兰电力局（https://www.ea.govt.nz/）是独立的官方实体，负责监督和规范新西兰的电力市场，通过制定和设置市场规则，执行和管理电力规则以及监视市场表现来规范电力市场。作为独立的官方实体，电力局可以自由采用自己的工作计划，只要该计划能够促进竞争，提高可靠性和效率，就能够为消费者带来长期利益。

新西兰电力局根据 2010 年《电力行业法》于 2010 年 11 月 1 日成立，此前在 2009 年进行了部长级审查，认为有必要在长期干旱的天气中更好地管理蓄水，并改善电力市场（尤其是零售市场）的竞争。其取代了 2003 年成立的电力委员会，以规范电力市场。

（七）欧洲可靠信息披露机构（Reliable Disclosure System for Europe，RE-DISS）

RE-DISS（http://www.reliable-disclosure.org/）旨在显著提高提供给欧洲用电者的有关其用电来源的信息的可靠性和准确性。此类信息通过电力公开制度提供给所有消费者，这是所有欧洲电力供应商的要求。

RE-DISS 项目的第一阶段于 2010 年 4 月中旬启动，并于 2012 年 10 月结束。RE-DISS I 提出了有关如何实施和正确使用原产地担保的建议，这是 RES 指令创建的披露工具。它促使了几个成员国的电力跟踪系统（原产地和公开保证）的重要改进（更多信息请参阅 RE-DISS I 最终报告）。在 RE-DISS I 的第一阶段部分中，可以在本网站上找到所有在 RE-DISS I 期间组织的活动和产生的文件。

（八）欧洲能源监管合作署（Agency for the Cooperation of Energy Regulators，ACER）

欧洲能源监管合作署（https：//www. acer. europa. eu/）电力部分为框架准则和网络代码、电力区域倡议、基础设施和网络发展、市场监控四个关键工作领域，所有这些领域旨在支持市场整合过程。依靠所有利益相关者的持续支持，ACER 电力部门决心创建功能完善、竞争激烈、安全和可持续的欧洲电力市场，为欧洲消费者带来切实的利益。

第五章

电力现货市场信息服务

随着我国电力体制改革的发展，电力市场结构和规则日趋复杂，电力市场主体逐渐增多。在电力现货市场交易运营过程中，单纯的信息披露已经不能满足市场主体的需求。市场主体需要更主动、更丰富的电力市场信息服务，提升自身在电力现货市场中的竞争力。本章将针对电力现货市场信息服务的定义、主体与对象、现状、开展具体业务的主要环节、未来发展的趋势等进行深入探讨，为相关主体提供参考。

第一节　电力市场信息服务的演化与发展

目前我国电力现货市场信息服务开展尚不成熟，概念也比较模糊。随着电力现货市场建设步伐的逐步加快，越来越多的主体开始尝试拓展市场信息服务业务，提供更专业更具价值增值意义的市场信息服务。虽然我国的电力现货市场信息服务还未形成产业，但是市场信息服务对于电力现货市场的有序运行，服务市场主体等方面起到至关重要的作用，从而能够促进电力工业的整体发展，未来会有广阔的市场空间。

一、电力市场信息服务的定义和主体与对象

（一）电力市场信息服务的定义

电力市场信息服务属于现代信息服务业范畴，想要深入了解电力市场信息

服务业务，需要先对现代信息服务业的概念和现状进行研究。现代信息服务是信息管理学研究的重要内容和领域，主要是指利用计算机和通信网络等现代科学技术对信息进行生产、收集、处理加工、存储、传输、检索和利用，并以信息产品为社会提供服务的专门行业。通过将有价值的信息传递给用户，最终帮助用户提升信息价值，实现信息增值，曾被称为"第四产业"。主要包括软件业、数据库业、系统集成业、网络服务业、信息提供业、信息咨询业等。现代信息服务业是信息产业的重要组成部分和核心产业，具有高创新性、高技术性、强渗透性及知识密集性，可以转变经济增长的方式、提升传统产业的信息化程度、优化市场资源的配置，对于经济发展和产业结构提升具有重要的促进作用。

现代信息服务业涉及多个行业，能源行业是最重要的一支。从定义来看，信息服务在电力市场中的体现主要是信息发布、信息披露、服务投诉等基本服务，还包括咨询服务、培训服务、分析服务等不同的增值服务。电力市场信息服务的核心目标是提供用户满意度较高的增值服务。信息增值服务技术涵盖传统的数据库、数据挖掘、信息决策、博弈论等相关的理论方法。

（二）电力市场信息服务的主体与对象

提供电力市场信息服务的主体包括八类：一是政府相关部门，主要发布宏观经济信息、电力市场相关政策法规等；二是电力交易组织部门，如电力交易中心、电力调度部门等，主要提供市场交易信息、市场运营情况等；三是电网企业，主要提供电力交易所需的电网运行信息；四是其他与电力相关的企业和组织，提供与新能源相关的天气信息、与火电企业相关的燃料价格信息等；五是电力行业相关媒体，如报纸、杂志、网站、公众号等，这类媒体会及时刊登电力市场最新信息，并对业内专题研究成果进行收集并发表；六是软件公司，提供电力市场信息管理和分析软件开发和维护服务；七是专业咨询公司，针对客户需求提供一对一的电力市场咨询服务；八是其他新兴服务主体。

电力市场信息服务的对象广泛，主要包括政府有关部门、电网企业、发电企业、售电公司、广大电力用户及电力投资者等各类市场主体，还包括社会公众等。信息服务的主体与对象往往存在交叉。

二、电力市场信息服务的现状

"中发9号文"发布前，我国电力市场建设发展较为缓慢，市场放开比例低。大部分用户按照管制电价从电网企业购电，对电力交易相关信息关心较少。电力市场信息服务基本上只有政府部门和电网企业的信息披露。

以"中发9号文"发布为标志，我国电力市场建设加快了步伐，售电侧放开、大用户直接交易以及现货市场的启动，使得我国电力市场交易品种、交易主体都快速增加，新的商业模式和业态如雨后春笋层出不穷。面对电力行业日新月异的巨大变化，整个行业都面临着巨大的挑战。无论是发电企业、电网企业还是电力用户都需要对电力市场进行重新学习，对电力市场的相关信息非常关注，从而产生了巨大的需求和市场。可以说，"中发9号文"印发以后是电力市场信息服务的起步期，也是爆发期。

目前，我国提供信息服务的主体主要包括政府、电网企业、交易机构、新闻媒体和研究咨询机构（团队）。由于政府、电网企业、交易机构提供的电力市场信息服务主要属于信息披露范畴，在第三章已经涉及，此处不再赘述。本节主要讨论新闻媒体和研究咨询机构（团队）。

（一）新闻媒体

除了各省交易中心披露相关电力市场信息，新闻媒体是最早自发提供电力市场交易信息服务的主体。乘着互联网科技的东风，各类网站成为电力交易信息服务的主力。如"大云网""北极星电力网""交能网""享能汇""能见""汇电电评""电力123"等相关网站都有丰富的电力市场信息，包括电力市场政策规则文件、相关市场通知、交易模式、交易量、交易价格、交易资讯、解读信息等。其中"大云网"和"交能网"是主要披露电力市场信息的网站，两个网站信息披露有交叉，但各具特色。

"大云网"主要提供全面的电力交易资讯、交易行情分析，还发布电力要闻、电改政策、电改观察等综合信息。作为独立第三方，"大云网"还提供交易撮合、售电咨询、数据分析等业务，致力于为电力交易相关政府主管部门、企业、科研机构提供决策依据。

"交能网"团队始创于德国，对欧洲和中国市场有深厚的积累，拥有能源大数据库和工具。"交能网"提供全国电价数据库查询、全国电改政策时间轴、售电公司数据库查询、分布式光伏过网费查询、分布式光伏投资收益计算。此外，"交能网"还提供市场分析产品，整合分析数据库中全国每月电力市场数据，推出彰显电力市场发展的售电政策发展指数、售电主体活跃指数以及售电交易动态指数。

此外，随着移动互联网的发展，各类电力相关的公众号也在电力信息服务领域崭露头角，不乏真知灼见。

（二）研究咨询机构（团队）

电力市场是电力行业的重要学科，早在 2002 年《国务院关于印发电力体制改革方案的通知》（国发〔2002〕5 号）发布后就掀起了电力市场的研究热潮，清华大学、华北电力大学等高校电力专业开设了相关课程，组建了研究团队。电网企业和发电企业相关的咨询机构也开展了相应研究。随着电改的提速，在新一轮电力市场的设计工作中，各大高校的研究团队和咨询机构为政府提供了重要的信息服务和决策支撑。此外，国外相关学者也提供了国外电力市场模式和经验等方面的信息。各方专家在电力市场建设方面进行了广泛热烈而有益的讨论，为我国电力市场的建设贡献了宝贵的力量。

除高校外，电力行业智库也起到了重大作用，智库从研究范围划分，有综合性智库和专业型智库之分。综合性智库如中国社会科学院、国务院发展研究中心等。专业型智库如国网电力科学研究院、国网能源研究院、南瑞集团，五大发电集团的能源、技术经济研究院和电力规划设计总院等。电力行业属于专业型的行业，同时又与国民经济各行业和国家整体的体制机制密切相关，因此电力行业智库既有专业型智库的属性，也有综合性智库的特点。部分电力行业智库在"中发 9 号文"发布前就有相应的团队研究电力市场问题，如国网能源研究院，也有部分智库是在"中发 9 号文"发布后新组建的团队。这些智库的主要研究方向是与电力行业发展相关的战略问题和政策问题，旨在为政府主管部门提供决策咨询，为电力企业提供市场参与策略以及企业发展建议，在电力市场建设过程中起到了很大的作用。

（三）存在的问题

目前，我国的电力市场信息服务业刚刚起步，仍存在较多的问题。

1）市场主体信息服务意识差。我国电力行业长时间处于管制状态，电力企业和电力用户市场竞争观念都不强，信息意识淡薄。从电力企业来看，长期的管制经营导致企业对于自身信息宣传缺乏主动性。长期以来电力企业是用户"最熟悉的陌生人"，虽然天天都要用电，但对电力行业知之甚少，了解渠道非常有限。在市场环境下，电力企业是信息服务的提供者也是接受者，但目前电力企业这两方面的主观意识均不强。而对于用户而言，我国电价长期管制，对市场的到来还需要一定的适应期，对于应对偏差考核和参与现货市场等都存在一定的畏难情绪。由于电力市场学科门槛较高，用户获取和利用市场信息也存在一定的困难。总体而言，我国电力市场信息市场发展水平还很低，信息和信息服务的价值关系还没有理顺，许多人对电力市场信息利用的重要性还认识不足。

2）相关法律法规和市场环境不完善。电力市场信息公开、信息管理、行业准入等法律存在较多的缺失，并且适应电力信息服务业健康快速发展的法律法规环境尚未完全形成。此外我国电力现货市场还在起步阶段，电力市场规则还不完善，市场结构也有一定的不确定性，这些都对电力市场信息服务业的开展产生了一定的影响。

3）人才队伍青黄不接。整个信息服务产业的核心就是人才。电力现货市场信息服务专业性极强，从业人员需要扎实的理论功底和实践经验。但是由于我国电力市场建设在"中发9号文"之前出现了一段时间的停滞，很多高校和咨询机构都暂停了电力市场学科的研究。"中发9号文"下发之后，电力市场建设发展迅猛，人才培养进度明显落后，一定程度上存在着"老人已转行，新人没毕业"这样青黄不接的局面。缺乏人才是电力市场信息服务业的重大掣肘。

4）服务主体数量少，多元化不足，规模小产值低。目前我国处在电力体制改革实施阶段，需要更加专业的电力市场信息服务产业，首先在目前的电力现货市场的起步阶段，电力市场顶层设计和政策制定都需要大量的市场信息服务。政府机构由于自身人员少、机构编制受限难以单独完成，越来越需要更多的外部电力市场信息服务机构。但是国内从事电力市场信息服务的专门机构屈指可数，从业人员少、规模小、力量分散且薄弱。尤其是电力市场相关智库存在着一些现实困难，如自身研究人员少、经费不足，缺乏建设成具有规模的、符合行业发展要求的电力市场专业智库的能力。

5）服务手段和服务项目单一。目前我国电力现货市场还在起步阶段，针对电力现货市场信息服务对象主要政府决策制定机关和大型电力企业，针对普通市场主体的服务类型较少。随着市场的发展和市场主体的增多，服务手段和服务项目还需进一步挖掘。

三、电力市场信息服务的发展方向

随着市场交易电量比例的扩大、准入市场的售电公司数量的不断增加、可再生能源发电跨区交易比例的不断提升，以及电力现货市场的逐步开放，交易主体更加多元化，交易的品种、交易周期更加灵活多变，电力市场信息服务需求量将大幅增长，大有可为。若要解决我国电力市场信息服务业目前存在的问题，促进电力现货市场发展，我们还应做出许多努力。展望未来，我国电力市场信息服务有以下几点发展趋势。

1）专业化：信息服务业是脑力劳动密集型产业，门槛较高。电力市场信息服务业也是如此，未来随着现货市场、辅助服务市场、容量市场等的建设和发展，电力市场将越来越复杂，市场信息服务工作需要更专业化的人才、专门的机构及组织体系担任，也需要借助更专业的数字化工具提供相关服务。

2）商业化：目前我国针对普通市场主体的电力市场信息服务以无偿为主，未来将逐渐产业化，针对不同用户的需求，提供有偿服务。

3）自动化：随着我国电力市场化水平的提高，电力市场交易日趋复杂，电力交易周期逐步缩短，交易频次不断提高，电力现货市场运行过程中将产生海量数据，传统的人工数据处理方式和一般的数据处理工具难以适应市场的快速发展。需要依靠功能强大、数据处理能力高效的综合系统软件平台，实现数据统计分析的自动化。如美国电力市场监管咨询机构 Potomac Economics 具有独立开发的市场运营监管软件系统，包括数据收集、统计分析、报告自动生成、信息发布等。

4）优质化：面对海量的电力现货市场数据，信息统计分析工作容易出现数出多门、口径不一等情况。原始数据的准确性和及时性是信息服务的基础，未来电力市场信息服务业将提升数据管理水平，提高数据质量，进一步优化信息的加工和传输，提高信息服务质量。

5）普及化：把电力市场信息服务以合理的价格提供给广大市场主体。尤其在电力现货市场建设初期，各类市场主体对电力现货市场和交易都较为陌生，需要广泛推广电力市场信息服务，指导市场主体参与市场竞争，提升市场效率。

6）多媒体化：多媒体化就是向用户广泛提供声、像、图、文并茂的交互式通信与信息服务。具有交互性的声、像、图、文并茂的多媒体是人类最乐意接受的信息形式。技术发展到今天，已为多媒体时代的到来准备了条件，市场的驱动力也日趋明显。

7）多样化：随着市场主体的不断增加，电力市场信息服务主体应该开发能适应各类主体、千姿百态的服务类型。多样化将带来更多的商机、更大的市场，这是必然的趋势。

8）个性化：知识经济的一大特点就是强调产品个性化。个性化就是按个人意愿向用户提供"随时、随地、随意"的服务。这里所说的个性化服务不仅指根据用户需求量身定制响应服务，还包括了具有友好用户界面的交互性，使用户能够更多地参与信息交流，按照个人的需要和意愿以及支付能力来服务项目、服务质量、安全性和资费等。

第二节　电力市场信息服务的种类与要求

从是否有偿的角度来区分，电力市场信息服务可以分为商业和非商业两类。非商业信息服务一般包括信息披露服务、企业向政府提供的监管服务和政策支撑服务等。商业信息服务是我国电力信息服务的主要发展方向，将为普通市场主体提供更专业更个性化的有偿服务。

一、非商业信息服务

（一）信息披露服务（依法）

服务对象包括所有市场主体和社会公众，需做到合规、准确、及时、公开，一般为免费服务。第三章已详述，此处不再赘述。

（二）监管服务

目前，我国对电力行业的监管职能分散于国家发改委、国家能源局、国务院国资委等各个政府部门和专业监管机构，形成多主体管理的格局，国家能源局主要负责电力市场的监管。根据《电力监管条例》《国家电力监管委员会职能配置内设机构和人员编制规定》等法规的相关规定，国家能源局（国家电力监管委员会）对电力行业的市场建设、电力安全、供电服务、电价、信息披露等实施监管。

电力市场监管方面，监管机构自 2003 年以来，陆续出台了《电力市场运营基本规则》《电力市场监管办法》等涉及电力市场的规定及监管要求。截至目前，我国电力市场监管已经形成相对较为完善的政策体系。

相关企业需要按照监管机构的要求上报信息，并主动向监管机构提供相关报告。随着电力市场的日趋复杂，交易周期的缩短，市场运行情况涉及海量数据，监管机构难以对其实施实时监控，按照国外的经验，有可能由第三方专业机构提供相应的数据管理工作。

（三）政策支撑服务

在我国电力市场建设过程中，电力市场信息服务机构提供了有力的智力支持。参与《中华人民共和国能源法》《中华人民共和国电力法》等相关法律法规的制定和修订工作，为完善国家能源战略体系、促进能源行业规范发展建言献策；受国家发改委、国家能源局、国资委、国家财政部等委托，对我国经济及能源发展、电价政策、能源财政政策、需求侧管理、中央电力企业布局及结构调整等重大问题进行了深入研究。参与多项电力市场相关的政策法规编写工作。目前我国电力现货市场尚在起步阶段，在市场方案设计、交易规则制定等方面，各级政府都需要专业团队和机构的辅助。在未来我国电力现货市场的推进完善过程中，各种政策支持类信息服务都必不可少。

（四）企业宣传报告

按照《中华人民共和国公司法》的要求，企业需要年度报送年度报告，很多企业为了宣传企业形象也会对外发布年度报告，主要内容包括所在行业情况、自身运营情况等。通常含有大量的优质信息。此外，还有企业社会责任报告（简称 CSR 报告），它指的是企业将其履行社会责任的理念、战略、方式方法，其经营活动对经济、环境、社会等领域造成的直接和间接影响、取得的成绩及不足等信息，进行系统地梳理和总结，并向利益相关方进行披露。企业社会责任报告是企业非财务信息披露的重要载体，是企业与利益相关方沟通的重要桥梁。企业之所以选择发布社会责任报告的方式进行非财务信息披露，是因为企业身处的经营环境越来越复杂。传统的以股东利润最大化为目标的运营方式所带来的雇员福利问题、环境污染问题、产品质量问题等越来越引起社会各方面的关注，由此带来的压力要求企业对除股东之外的更广大利益相关方负责，以实现可持续发展。各大电力企业、电力交易机构或相关协会的年度报告、社会责任报告都是电力市场信息的重要载体。

二、商业信息服务

未来，电力市场信息服务将逐渐向商业化迈进。商业信息一般针对普通的市场主体，主要可以分为多向服务和单向服务。

（一）多向服务

（1）公开发售的专业分析研究报告

多数研究机构均会将研究成果以报告的方式进行公开发售，一般都根据电力市场热点问题进行深入研究，特点是周期短、内容丰富、实用性强。目前在市场公开发售的此类报告包括国外市场化改革跟踪报告、国内电力市场调研报告等。

（2）发售相关软件

随着信息技术、移动互联网技术的发展，信息的载体越来越多样化、越来越便捷。相关企业开发了电力市场模拟运行、电力市场分析软件等，从而为客户提供更加专业的服务。未来还会有电力市场报价协助软件、市场信息管理软件等问市。另外，随着企业信息化水平的提高，内部大多已经拥有信息管理系统，未来可将电力市场信息分析管理类功能嵌入，以实现信息管理自动化。

（3）数据库和信息检索服务

数据库是电力市场信息服务商最重要的资源。数据库是专门为快速搜索和检索信息而组织的。数据库的结构要方便各种数据的存储、检索、修改和删除。使用关键字和各种排序命令，用户可以快速搜索、重新排列、分组和选择许多记录中的信息，以检索或创建特定的有用信息。

许多数据库中的信息由文档的自然语言文本组成；面向数字的数据库主要包含统计数据、表格、财务数据和原始科学技术数据等信息。小型数据库可以保存在个人计算机系统上，供个人随时使用。这些小型数据库和更大的数据库通常被设计成办公软件直接发售，在商业生活中变得越来越重要。

（4）信息报道与发布服务

对搜集到的大量电力市场相关资料和信息进行整理、加工、评价、研究和选择，并及时报道，以满足市场主体的信息需求。

（二）单向服务

（1）咨询服务

主要由专业咨询机构针对客户需求提供一对一的咨询服务，包括开展相关课程培训、调研工作、专项问题研究、问题诊断、市场交易策略咨询、企业决策咨询、专业软件开发等。

（2）提供数据保障和支持

为用户提供一对一的专项信息服务，随时随地为客户提供信息保障和支持。

三、信息服务的基本要求和不同信息服务对象的要求

电力市场信息服务的基本要求是信息资源开发的广泛性、服务的充分性、服务的及时性、服务的精炼性、信息的准确性、服务收费的合理性。以下是不同信息服务对象的要求。

1）监管机构：向监管机构上报企业具体信息和相应报告等。要求：掌握市场运行情况和交易中心合规情况。

2）市场成员：提供必要的交易信息以及市场运行情况，最新资讯等。要求：信息快速准确对市场决策有帮助。

3）政府：提供电力工业、电力市场运行和电价相关信息。要求：服务政府决策。

4）公众：提供数据、业务公开。要求：公开及时。

5）相关机构：提供个性化服务。要求：信息详实准确，有针对性。

第三节　大数据背景下电力现货市场信息服务运营模式

近年来我国信息技术服务产业规模保持较快增长，基于移动互联网、物联网、云计算、大数据的新业态、新业务、新服务快速发展，带动产业链向高端不断延伸。电力现货市场信息服务业正在起步阶段，就已经站在了巨人的肩膀上，在运营模式上具有较强的科技性和先进性。未来电力市场信息服务业将存在多种类型的公司。然而，这些公司有一个共同的主题，就是向最终用户提供有价值和实用的市场信息。主要环节如下所述。

一、信息获取

（一）多渠道获取信息资源

得到全面而准确的市场信息资源是电力市场信息服务商生存和发展的关键，为保障信息资源收全率，除官方的正式渠道外，还应积极拓展其他渠道源。国外智库都有各自可靠的信息数据来源，它们一般都有自己的图书馆和情报信息网络。国外某些大型智库还将专题研究与信息研究部门对等设置，或配置专门的信息资料人员，通过这些部门或人员获取原始资料，大多是分析整理出来的专题资料。

目前，我国有一些采用平台化资源整合商业模式的企业。它们一方面积极从企业或政府（以购买、交换，或以项目形式）搜集扩充大量自有数据；另一方面扩大社会合作，从社会的企事业单位吸纳大量的数据信息。典型的企业包括贵阳大数据交易所、武汉东湖大数据交易中心、华中大数据交易所、九次方、数据堂等。

目前，我国电力现货市场信息披露机制和电力现货市场信息管理机制正在逐步建立完善，对于没有相关从业背景的新信息服务商来说存在一定的困难。获取电力市场的全面信息可行性也较低。规模比较小的企业可以将重点放在某地区市场情况，或某类客户相关数据的收集。

（二）众包模式获取数据

近年来，博客、微博、社交网站、即时通信工具等媒介迅速兴起，社会化"自媒体"时代来临。人们从传统媒体时代的"旁观者"转变成为现在的"当事人"，每一个人都是信息资讯的传播者，都有属于自己的媒体，如博客、视频账号、微博等。这样的媒体环境使众包模式开展信息收集成为可能。

众包是指一个企业把要完成的工作，交给外部非特定的大众完成。这个环节的企业，在用户有强烈参与意愿和低成本搜集条件的前提下，多采用 UGC（User Generate Content）的商业模式。众包的优势包括节省成本、速度以及与拥有内部团队但可能不具备技能的人合作的能力。如果一项任务通常需要一名员工在一周时间内完成，那么企业可以将这项工作分成许多小部分，并将这些部分交给一群工人，从而将完成时间缩短到几个小时。优步是众包运输的一个例子，它将可用的司机与需要乘车的人进行配对。

电力市场信息服务行业也可以开发众包环节的商业模式，尤其是信息获取环节。譬如，以信息服务商品牌的名义创造一个社区，将潜在客户聚集在一起。大家针对电力市场交易交换意见和信息。他们没有报酬，但是无论是分享他们的经验，还是与志同道合的人建立联系，都是有一定收获的。所以这是一个多赢的局面，信息服务商可以获得第一手的信息情报，而客户们也可以获得自己想要的信息和人脉。

此外，这种形式的社区也是营销的最佳策略之一，众所周知，人们喜欢有参与感。在1986年由麦克米伦和查维斯撰写的理论中，有四件事鼓励人们感觉自己是社区的一部分：一是成员资格，二是影响，三是需求的整合和满足，四是共享的情感联系。社区的建立也会对用户的忠诚度有很大的正向作用。

二、数据库的建立和维护

数据库是许多服务提供商的重要资源，需要将工作重点放在数据库的管理和维护上，确保汇编的信息是最新的，并且与最终用户紧密相关。此外，数据库和客户之间接口的速度和质量也是成功的关键。未来随着市场竞争的日益激烈，行业领导者将凭借最先进的信息技术占领竞争优势。

将收集到的各类数据进行初步加工处理，如筛查正确性、执行累加、平均等基本计算等，并将统计的数据存入数据库中。这部分工作已可满足大部分的数据需求。

（一）数据分类维度

数据分类有几种方式，一是按数据来源分类。按数据提供主体分类，发电企业、电力用户、售电公司、电网企业等主体信息分类存储。如某发电企业可建立专门的数据库，记录其他发电企业数据变化情况。

二是按数据类型分类。可分为宏观电力发展及供需类、市场主体类、市场运营类等。

三是按交易数据分类。电力交易平台实时产生的交易数据，是电力市场运营统计分析体系最有价值的数据，需要进行多维度梳理，包括以下几个方面：

1）按交易范围可分为省间市场、省内市场。

2）按交易品种可分为电能、辅助服务、发电权等。

3）按交易组织方式可分为集中交易、双边交易。

4）按交易周期可分为多年、年度、季度、月度、周度、日前、日内、实时。

（二）按照数据类型维度划分的数据库

（1）电力发展及供需类

一是电力发展宏观数据，包括我国经济发展情况、产业结构调整情况、能源规划数据、发电装机结构变化数据、电网发展相关数据等。

二是收集国家政府部门对电力市场建设、市场交易规则、电力市场监管相关政策要求和数据标准等。

三是各省政府对交易规则、交易组织的具体要求。

四是供需类数据，包括全社会用电量变化情况、各行业用电量变化情况、各类型发电企业发电数据、各省供需情况等。

（2）市场主体类

电力市场成员一般包括发电企业、电网企业、电力用户和售电公司。电力交易中心需要及时统计各省放开选择权的用户数及名单、进入市场的发电企业数量及名单、成立售电公司的数量及名单，并在交易平台注册市场成员的详细数据。

针对每类市场成员的数据可分为两类：一是常规数据；二是交易申报信息及交易记录。

1）常规信息：除注册所需企业的基本信息外，电力交易中心还需收集各市场成员企业运行状况相关信息。

① 发电企业：无论是否申报交易，定期提供本企业计划电量分配情况、

各机组运行状况、检修计划、机组利用小时数、已签合同实施情况等信息。

②电力用户：无论是否申报交易，定期提供企业生产情况、用电需求、已签合同实施情况等。

③电网企业：

一是电网运行实时数据：如 SCADA/EMS（数据采集与监视控制系统/能源管理系统）提供机组实际发电负荷、电能量计量系统提供机组上网电量。

二是电力平衡计划：预计最高负荷，跨地区联络线送受电力，辖区内机组铭牌出力，最高负荷时的检修容量、受阻容量及原因、最大可调出力、备用容量。

三是电量平衡计划：预计用电量、跨地区联络线送受电量，辖区内机组发电量。

四是设备检修计划：辖区内发电设备检修计划、输变电设备检修计划及对电网运行方式的影响。

五是设备投产和退役计划：辖区内发电设备投产和退役计划，输变电设备投产和退役计划。

六是电网阻塞情况、原因及措施。

④售电公司：售电用户负荷变化信息、已签合同实施情况。

2）交易申报信息及交易记录：市场主体申报集中交易信息，双边交易信息需备案。

①集中交易：市场主体按照各省交易规则提交的报价和交易电量以及其他信息；交易、结算结果；电网企业提供的安全校核结果。

②双边交易：市场主体将双边交易合同提交到交易中心进行备案；电网企业提供的安全校核结果。

（3）市场运营类

市场交易数据是市场主体参与交易最直观最有价值的数据。需要存储分析省内、省间市场的每一笔交易数据，包括电量、电价、参与主体及报价行为等。

电力市场交易信息的统计应形成规定格式的报表，提供报表查询和输出功能。可分省内和省间市场分别设计。

（三）方便的信息检索功能

有些企业的数据库是深度研究工作的基础，不对外开放；有些则是对外发售的产品，则要在检索方式和用户交互界面上加强设计，保障用户可以在较快的时间找到自己需要的信息。

三、数据分析挖掘环节

数据分析挖掘是电力市场信息服务最核心的环节。

电力市场数据分析工作不仅对数据进行简单归类和处理，还需充分利用已有数据建立量化监测、评估模型，并针对客户需要输出相应产品。

电力市场模拟分析软件：根据我国电力市场具体情况开发中长期交易、现货交易模拟软件。

指数分析：整合分析数据库中全国每月电力市场数据，推出彰显电力市场发展的电力市场政策发展指数、市场主体活跃指数以及电力交易动态指数等。

电力市场运营情况评估体系：基于电力市场运营统计分析数据，选取关键指标建立电力市场运营情况评估指标体系，如市场结构、市场行为、市场效率、系统运行安全稳定、节能减排等。及时发现市场中存在的问题和低效率情况。

市场运营报告：通过对市场运营类数据库进行统计分析，制作评估市场竞争以及市场行为的报告，包括月度、季度、年度报告。基于数据分析对市场运行情况进行评价和趋势判断，并给出建议。

市场走向预测：根据宏观经济情况、能源政策走向、市场运行情况对市场近期走向和电力市场价格进行预判。

市场主体报价策略服务：根据市场实际情况和客户自身情况，深入分析市场运行，研发报价策略辅助工具，协助发电企业、售电公司、电力用户报价。

交易组合咨询：为客户量身定制交易策略，匹配供需，避免偏差考核。

金融产品指导：未来电力金融市场建立以后可指导客户投资。

四、营销环节

如果不能找到相应的客户，前面的环节都没有存在的必要。信息服务也和其他行业一样，有效的营销手段是企业生存发展的基础。

具体而言，在市场竞争中，重点实施客户、价格、服务、品牌和合作这五个营销策略。重点策略体系图如图 5.1 所示。

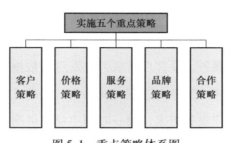

图 5.1　重点策略体系图

（一）客户策略

随着用户选择权的放开，用户类别和需求更加多样化，需要对客户数据进行挖掘，对客户价值进行评价，深入分析客户需求，对客户进行分类，针对不同客户分别制定服务和竞争策略，共分为三个步骤。

第一步：评价客户价值，找准客户定位。从客户用电量、发展潜力、对公司利润贡献度等方面进行评价，确定客户的定位，并对客户进行分级，区分优质客户、中等客户、一般客户等。并根据用户等级合理配置服务资源。

第二步：分析客户需求，进行客户细分。随着工商业用户进入市场，将产生多种需求。

第三步：针对不同客户，制定差异化竞争策略。针对用户不同需求可以推出不同产品、品牌、服务和价格套餐。

针对不同定位的客户，建立不同的客户关系。对于优质客户，实行大客户经理机制，采取上门服务、个性化服务等方式，提高客户黏性，建立长期稳定的合作关系。开展决策层、技术层、执行层等多层次对接，并将服务资源进行倾斜。

（二）价格策略

现阶段，为争取用户可适当地采取低价策略，避免恶性竞争，但总体来看重点在于差异化和服务创新。

（三）服务策略

一是快速响应客户需求。提高各环节响应速度，为客户节约时间成本。

二是建立服务标准。制定服务网络的设置、服务技能和设备、服务程序、服务方法等的质量标准，实现服务有据可循，适应和方便客户的需要。

三是提供专业化服务。以客户需求为出发点和依据，建立专业服务团队或区域客户经理，对客户实施全过程、网格化、互动式的服务。全面负责各项业务，高效感知客户服务需求，第一时间主动提供服务，提高专业化服务水平。

（四）品牌策略

电力市场信息服务业同时具备专业性和实用性，且受学术界和工程界的关注。若要使这个行业崭露头角，需要扩大品牌知名度。企业需要大量地发表论文，在公众媒体、专业论坛发声，甚至拥有自己的专业媒体网站、公众号等，多参与业界交流，扩大影响力。另外，发布专业报告也是一条重要的途径。

（五）合作策略

根据不同的合作需求和目的，因地制宜选取合适的企业开展广泛合作。一是为获得地方政府支持，与地方政府所属的能源电力企业开展合作；二是为稳定客户来源，与发电企业、售电企业开展合作，并建立长期的合作关系；三是为引入新思维、拓展"互联网+"新业务，与互联网企业开展战略合作。与互联网企业在互联网售电服务应用、基于大数据的客户信息挖掘等方面开展合作，实现优势互补。

五、经营结构、资本结构和主要风险

（一）经营结构

信息服务公司的商业模式往往是相似的，这些公司不提供实体产品。因此，没有传统意义上的库存或商品成本。资本预算仅限于系统和技术投资；房地产和机械的支出并不多。数据库是许多服务提供商的重要资源，需要将工作的重点放在数据库的管理和维护上。除了数据库信息供应商，咨询公司也是主要的一类企业，这种服务需要高技能的人员。顾问专家均来自顶尖的学院和大学，或者有丰富的现实经验的研究者，薪水可能很高，公司需要向客户收取足够的费用赚取利润。当企业经济健康发展时，保持良好的盈利能力并不难，但在困难时期，管理层必须优化员工利用率。除了支付给研究人员、顾问专家报酬之外，营销支出占公司运营预算的很大一部分，这些支出大部分用于支付销售人员报酬。

（二）资本结构

整个行业的债务负担通常不到总资本的三分之一。主要依靠智力的咨询公司不是资本密集型的，因此只需要短期资金资助新项目或小型收购。维护大型数据库、开发庞大的信息技术系统和/或进行大规模收购的公司通常背负着沉重的债务负担。这些服务提供商需要增加服务的自由现金流并偿还债务。除了首次公开发行普通股之外，股权融资对运营和扩张的重要性不亚于现金和债务（二次发行是在股价特别有吸引力的时候进行的）。尽管如此，股票期权仍然是经理和员工（销售人员、顾问）的主要激励。如果不加以控制，期权可以显著提高已发行的普通股，稀释股东价值。业内公司可通过定期回购来限制整体浮动。

（三）主要风险

能源行业受宏观经济周期影响最大，虽然信息服务行业整体周期性稍弱，但电力市场信息服务业还将受到宏观经济走势的影响。在大多数情况下，业务的绩效与公司客户的预算密切相关。在紧张的经济时期，客户可能会在内部调动更多的信息功能，导致电力市场信息服务提供商业务量减少。信息服务提供商可通过获得尽可能多的长期合同以防范这种风险。加强政府业务也有助于缓解更广泛的市场周期的影响。

（四）长期发展

若要在这个行业取得成功，必须能够跟上电力市场不断变化的环境、新信息以及系统和技术的进步。同样，企业必须留住一支由专家顾问、销售人员和技术人员组成的技术骨干队伍，竞争往往相当激烈。资本进入壁垒并不是很高，但获得顶尖人才往往是一项挑战，尤其是现在电力市场人才处于供不应求的状况下。

第六章

电力现货市场信息资产

在市场经济条件下，信息已经成为一种极其重要的商品。信息社会通常被定义为信息生产和消费集中的新型社会，信息逐渐发展成为比物质和能源更为重要的资源形态。信息集中度取决于对信息的需求以及此需求被满足的程度。随着"大云物移智链"等先进信息通信技术的高速发展，世界各国已争相跨入了信息时代，大数据正深刻改变着人们的思维、生产和生活方式，电力行业也掀起了新一轮产业和技术革命，信息与电力行业的深度融合将改变电力行业原本的生产经营模式，信息已逐渐成为电力现货市场中各类主体的重要资产。信息资产指的是由企业拥有或者控制的能够为企业带来未来经济利益的信息资源，不同于固定不变的物理性资产，信息资产在许多方面表现出动态特征，从信息的生成、分类、处理到最终的检索和应用，某一种信息资产在生命周期的每一个阶段都存在其独特的价值。信息作为一种经济资源参与企业的经济活动，减少和消除了企业经济活动中的风险，为企业的管理控制和科学决策提供合理依据，并预期给企业带来经济利益。而且，一般来说信息价值会随着生命周期的进展延续而增加。如何从海量信息中收集有价值的信息，如何充分挖掘信息的价值，以及如何充分利用电力现货市场中的信息资产，均具有重要的研究意义。

目前来看，电力现货市场积累了海量的信息，但受限于管理模式、认识水平、数据质量和应用水平，这些信息还远未发挥应有的价值。在信息归集、融合、形成以信息仓库为代表的信息资产后，仍然以传统的信息利用方式，即固定报表和一般的查询统计为主，缺乏合理有效的信息资产管理方式以及信息资产价值变现手段。信息资产管理是利用资产管理的理念管理信息，并推动信息使用，是提升电力现货市场参与企业信息管理水平、指引信息应用、实现向信息化运营转型的重要途径。而电力现货市场信息资产价值变现指的是利用智能电网、物联网等技术进行高精度、快频率、大样本的数据采集量测，基于海量大数据，为企业科学决策提供支撑，进而为用户提供更为准确便捷的数据增值服务，最终利用信息资产为企业的决策带来价值和收益。

　　本章首先面向发电企业、电网企业、售电公司等市场成员，分析基于电力现货市场信息资产的竞争力，探讨信息资产管理如何提升不同主体的行业竞争力和效益水平。在此基础上，围绕核心技术、企业治理、企业增值服务等方面描述电力现货市场信息资产管理的实现路径。进而，按照物联网量测感知、网络通信、计算平台和服务应用的层次，着重介绍提升电力现货市场信息资产管理水平的关键技术。最后，结合互联网、金融企业的数据增值服务和商业模式，探索电力现货市场信息资产的价值变现。

第一节　基于电力现货市场信息资产的竞争力

　　本节针对电力现货市场参与主体拥有信息资产后所带来的市场竞争力进行分析：智慧电厂通过市场信息制定合理的竞价方案，可有效降低交易成本，提升交易效率；电网企业采用先进的电力信息技术向能源互联网企业转变，有效掌握市场价格信息、电源规划建设信息和电力负荷相关信息，并以此为基础落实电网规划工作提高可靠性，减少电力资源浪费；售电公司获取区域客户信息和电源信息后，可提供低成本的综合能源服务，在保障能源供需实时平衡的前提下，实现总体收益最大化，并依靠其内外能源交换更灵活、更友好的特性，在电力现货市场上获得增值收益。

一、从传统电厂到智慧电厂

智慧电厂应用大数据与人工智能算法，相对于传统电厂可更有效地利用电力市场信息指导电厂的运行优化决策，形成基于多智能体的电厂报价闭环优化决策。国外对于智慧电厂的研究更倾向于新能源的智能发电以及大数据的研究和应用，相比之下国内对于智慧电厂有更系统的规划研究：在智慧产业的产学研合作上，原中国国电集团公司与华北电力大学共同成立了"智能发电协同创新中心"，系统研究推进智能发电；中国大唐集团有限公司与东南大学合作建设投运了包含多种功能模块的智慧型管控平台；上海申能电力科技公司研究创造了许多智慧电厂创新技术，已经在华润集团有限公司得到推广应用。在智慧电厂的建设实践上，大唐姜堰、国电大渡河、鑫光发电等企业已经采用大数据和人工智能算法等技术，提高电厂的安全和运营能力，总体来看智慧电厂尚在探索初期。

下面从三个方面介绍关键技术对提高智慧电厂市场竞争力提供的支持：基于人工智能算法的电网信息辨识技术、数据+模型驱动结合的节点边际电价预测方法、基于多智能体的电厂报价辅助决策系统。

基于人工智能算法的电网信息辨识技术利用现货市场公开的电价信息，首先对完成的电价样本利用主成分分析法进行降维，之后使用谱聚类和基向量搜索算法完成对不同阻塞状态样本的聚类，依靠稀疏恢复算法和关键样本求出表征网络拓扑的拉普拉斯矩阵，从而得到对应的阻塞线路。相关技术为电厂准确把握电网状态、制定合理的竞价方案提供参考。

数据+模型驱动结合的节点边际电价预测方法，引入电价预测模型以了解电价的经济调度算法，首先使用特征工程来完成异常数据的筛选和填充，进行发电、负荷、电价数据集的粒度转换和预处理，然后根据最优潮流模型系统模式区域（System Pattern Region）的概念，完成样本聚类，根据不同的聚类数据变化，拟合出相应的电价预测模型。

基于前两点关键技术形成基于多智能体的电厂报价辅助决策系统，用于模拟参与电力市场的竞价和清算过程。首先利用历史清算结果，基于强化学习等方法，设计出适合不同电厂决策偏好的智能体决策模型，利用多代理技术建立智能体之间的价格协商和沟通机制，然后建立基于博弈论的电厂竞标数学模型，得到最优竞标方案和盈利预期。这种利用多智能体技术模拟不同参与者决策行为的方法可以获得电厂的不同报价方案及其相应的利润期望，以帮助电厂根据自身的风险特征制定合理的报价方案。

利用现货市场公开的电价信息，通过机器学习和稀疏恢复等人工智能算法，恢复市场非公开的网络拓扑结构、阻塞状态等信息；结合产生电价的经济调度算法的理解引入电价预测模型，通过模型驱动与数据驱动的结合增强预测结果的可解释性，并得到符合电厂应用需求的电价预测结果；基于前两点的关键技术，利用多智能体决策模型，辅助电厂根据自身风险特性制定合理的竞价方案并根据历史数据规避风险。通过以上三种技术的结合，可有效降低交易成本，提高交易效率，因此智慧电厂利用先进的通信技术和算法，可有效利用信息资产，为发电企业参与电力市场提高市场竞争力。

二、从电网企业到能源互联网企业

能源互联网是一种在现有电网基础上，通过采用先进的电力信息技术，融合了大量分布式储能装置和发电装置，能量和信息双向流动的电力对等互联共享网络。能源互联网通过信息通信及时监控整个电网的设备和设施，并对历史和实时数据进行充分挖掘以提升能源互联网的运行管理和性能优化。能源互联网将面临海量数据采集、处理和存储的技术要求，为使得庞大的信息得到快速处理和有效传达，需引入大数据分析技术以对能源互联网中的电力信息进行梳理利用。

美国加州大学洛杉矶分校（UCLA）的电力地图和C3能源分析引擎平台、德国意昂（E.ON）公司大数据智能用电研发中心、法国电力公司基于大数据的用电采集应用系统等都是利用大规模安装的智能电表中的电力信息，通过与大数据技术的结合，使得电网的性能得到显著提升。2015年初，国家电网公司发布了《国家电网公司大数据应用指导意见》后展开相关的研究工作。南方电网公司下属的大部分省公司启动了电力大数据的研究与应用工作，其中深圳供电局基于大数据分析进行电能质量综合评估的项目最具有代表性。下面具体分析信息和数据技术在推动电网企业转型方面的重要应用：负荷预测、状态评估和电能质量检测与控制。

负荷预测是能源互联网正常运行和调度的基础，为了实现负荷预测，除了利用大量的在线信息，还需要海量的历史同期信息和天气环境信息，采用大数据技术对负荷数据进行预处理，把握每个用户负荷与天气、日类型等影响因素的密切关系，并根据不同用户特性构建预测模型，最后累加所有用户的预测结果得到系统负荷预测。受限于相对薄弱的信息基础，传统负荷预测难以适应新能源、分布式能源快速发展的场景，净负荷呈现出更强的波动性与随机性。通过先进的信息通信技术，能源互联网将显著提升负荷预测精度，加强电力系统可观性。

状态评估主要是对状态进行分类以确定系统所处的状态，根据电力系统所处的状态，可以制定相应的操作决策。由于需要在时间尺度上考虑节点间的位置关系，即节点多，采集频率高，计算任务重，因此制约了状态评估的发展。随着能源互联网性能的提高，应用大数据分析技术进一步提升了其计算效率和分类准确性，大数据中的云计算平台在对电力设备进行评估的过程中能够满足对数据存储的需求及数据处理的要求，保证了对电气设备进行评估的高准确性和及时性。

电能质量主要指供用电设备正常运行时频率、电压、电流等指标。在能源互联网的电力大数据背景下，贯穿输电、配电、管理等各个环节的数据都可用于电能质量的综合评估，应用大数据的分布式计算能力和流计算能力，可以提高电能质量评估中数据分析质量，从而得到更加实时可靠的评估结果，为用户提供更好的电能质量。电能质量决定了电网的性能和用户的用能体验，是用户和电网运营商的主要交互信息之一，将最终决定双方的收益，为电网运营商带来实际的市场竞争力。

以上列举的应用相互之间有一定的依赖和支撑关系，它们共同构成了能源互联网大数据分析系统的应用场景，利用大数据技术对电力信息的有效规范应用有利于推动电网规划运行和设备资产管理的数字化和信息化，将有效提高能源互联网企业的运营效率。

三、从售电公司到综合能源服务商

客户和电源是售电市场最重要的两种资源，售电公司获取区域客户信息后，可根据客户用电需求代理售电或者自建分布式电源，增强区域谈判能力，通过提供更好的差异化服务获取市场竞争力；售电公司获取电源信息后可以实现"源、网、荷、储"一体化，借助智能电网系统提供综合能源服务，针对区域内特定客户，通过提供低成本的综合能源服务以获取较高的收益水平。

综合能源服务商模式伴随着分布式能源资源技术的发展以及节能的需求被提出。同时受技术创新驱动，发达国家的综合能源服务商开始提供更加多元的能源服务，例如能源审计服务、需求响应服务等。美国及日本均在 21 世纪初开始加大投入，深入研究更加多样的综合能源服务模式。

2015 年，美国 Hazelwood Green 净零能耗城市综合开发区提出了一套新的综合能源服务商（Integrated Energy Service Provider，IESP）模式，Hazelwood Green 项目作为全球最大的净零能耗城市综合开发区，已成功吸引多家"独角兽企业"的入驻。园区内"源、网、荷、储"元件设施、控制和保护设备、数据采集设备和信息化平台可由不同主体投资。园区综合能源服务商如图 6.1 所示。

园区综合能源服务商以园区终端用户为核心，利用用户用电信息，综合运用物理驱动专业技术团队和信息驱动的大数据学习技术，得到园区用户的属性特征和效用价值，有针对性地开展用户自由索引、信息平台发布、智能推送定制、专业人工咨询等多元信息服务模式，充分利用信息资源为园区用户提供专业服务。

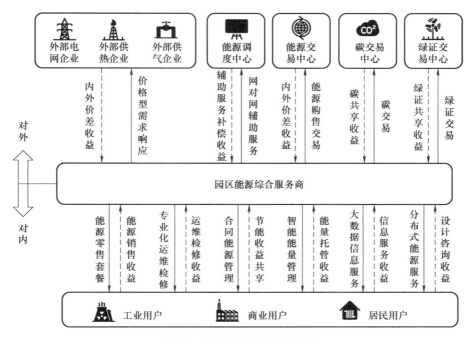

图 6.1 园区综合能源服务商

园区综合能源服务商对内通过智能能量管理、能源零售套餐、合同能源管理机制（Energy Management Contract，EMC）等多种技术和经济手段，实现园区用能负荷的灵活、可控、友好。对外园区综合能源服务商以单一独立主体代表园区整体，相比于其他主体，依靠其内外能源交换更灵活、更友好的特性，获得增值收益，提高其市场竞争力。

第二节　电力现货市场信息资产管理的实现路径

信息资产管理是利用资产管理的理念管理信息，并推动信息使用，是提升市场参与企业信息管理水平、指引信息应用、实现传统运营向信息化运营转型的重要途径。在电力现货市场交易运营过程中，若想实现真正的信息资产管理，必须从核心技术、企业治理和服务品质等若干发展路径开展工作，其中核心技术和企业治理是基础目标，在完成这两个目标后，企业将开始加大对服务品质的关注和投入，从而增强企业竞争力。

一、核心技术

核心技术是信息资产管理的基础。在电力市场下，电网企业将充分应用"感、传、算、用"等现代信息技术，打造状态全面感知、信息高效处理、应用便捷灵活的信息资产管理模式。本节将围绕电力市场信息资产管理，介绍贯穿数据感知、传输、计算和应用等全环节相关的关键技术。

信息资产管理的本质是海量电力信息的可靠、高效利用手段。射频识别（Radio Frequency Identification，RFID）、无线、移动和传感器设备的日益普及为构建强大的工业系统和应用程序提供了广阔的机遇。近年来，已经开发并部署了多种工业信息资产管理应用程序。作为一种新兴技术，智能化终端有望提供切实的解决方案，以转变现有的工业系统的运行和角色，例如运输系统和制造系统。比如，当将智能化终端用于创建智能运输系统时，运输当局将能够跟踪并监控每辆车的现有位置，对其行驶进行监控，监控其运行情况未来的位置和可能的道路交通。又比如，输变电侧则可依托 SCADA/PMU（数据采集与监视控制系统/相量测量装置）等量测数据，实现变电站/输电网层级信息化设备智能感知。为了更好地构建信息资产管理的基本框架（见图 6.2），结合电力现货市场的发展现状，本节重点提出以下关键技术。

（一）识别和跟踪技术

在电力市场发展初期，基于我国电力资源不足的实际情况，电力公司通过载波等无线通信方式监控用户侧的终端装置，以此来保证包括军工、医疗、民生等重要部门的用电可靠性，实现限电到户。该项技术对缓解电力供需矛盾起到了非常重要的作用。

而随着我国工业不断发展与电力技术的突飞猛进，自 2007 年后，我国电力市场供需矛盾得到了根本性解决，对负荷控制的要求不断减弱。但与此同时，对信息资产的快速追踪提出了更高、更全面的要求。

信息资产管理中涉及的识别和跟踪技术包括 RFID 系统、条形码和智能传感器。最基本的 RFID 系统由 RFID 读取器和 RFID 标签组成。由于 RFID 系统具有识别、跟踪和追踪设备及物理对象的能力，因此越来越多地用于诸如物流、供应链管理和医疗保健监控等行业。RFID 系统的其他好处包括提供有关设备的精确实时信息、降低人工成本、简化业务流程、提高库存信息的准确性以及提高业务效率。到目前为止，RFID 系统已被众多制造商、分销商和零售商成功使用。

当前 RFID 技术的最新发展集中在以下几个方面：

1）具有扩频传输的有源 RFID 系统。

2）管理 RFID 应用的技术。

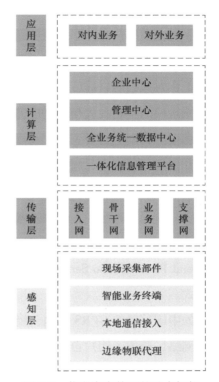

图 6.2 信息资产管理的基本框架

对于基于 RFID 的应用，仍有大量的发展空间。为了进一步推广 RFID 技术，可以将 RFID 与无线传感器网络（Wireless Sensor Network，WSN）集成在一起，以更好地实时跟踪事物。特别是新兴的 WSN，例如电磁传感器、生物传感器、机外传感器、传感器标签、独立标签和传感器设备，进一步简化了实现过程。通过将智能传感器获取的数据与 RFID 数据集成在一起，可以创建更适合工业环境的以及功能更强大的信息资产管理应用程序。

（二）通信技术

信息资产的有效管理依赖高效的通信技术支撑，电力企业实际工作中，不但要处理计量装置数据、电量电费数据、电网地理信息数据等海量数据，还要进行筛选、加工、分类与分析。这些信息资产处理工作在原有系统中依靠人工或各个独立子系统完成，不但效率低下、耗时费力，带来大量的人工成本，还会造成信息冗余。同时，系统间的孤岛工作会造成数据传递上的缓慢与偏差，无法满足全系统信息共享的需要。

随着我国经济的不断发展，电力企业担负起了越来越重要的社会职能。传统的工作方式已难以适应现代电力市场对信息传递速度与管理规模的要求。随着电网规模的不断壮大与各种电力设备日益增多，计算机与网络成为电力市场对信息资产管理的必要工具。利用其优异的数据处理能力与传输能力，可以大大提升信息处理速度，同时将各独立系统互联成大网络，实现资源数据共享，提高工作效率与效果。

在当前电力市场中，通信技术常与计算机技术、自动控制技术配合，对用户侧数据进行监控、管理与分析。目前系统组网可以分为通用分组无线服务（General Packet Radio Service，GPRS）终端组网、有线宽带、光纤以太网等几种方式。

如中国移动的 GPRS 组网，经过多年的运行与完善，已形成稳定、可靠的通信网络，避免了用户自己架设主站和铺设线路的过程，减小了用户工程量。同时，无需再配备专业人员进行网络维护，节约了人力资源。另外，GPRS 采用了分组交换技术，可进一步提升数据传输速度，为用户提供最高至 114kbit/s 的数据传输速率，提高对网络资源和无线资源的利用程度。GPRS 的应用极大程度上提高了电力企业传输信息速度，既能支撑其数据大批量传输，又能支持数据爆发，满足现代电力市场下电力企业的需求。

当前来看，电网企业正面临电网形态复杂化、数字化经济打造多边市场等多重挑战。通过构建完善的核心技术体系，实现信息流、数据流贯穿企业决策战略和用户服务全过程，信息资产管理将成为电网公司的核心竞争力。在信息资产管理的基本框架下，电网常规业务和战略新兴业务都将在信息流的支撑下不断优化价值流向，通过信息共享、共用，推动电力现货市场下电网企业的发展。

二、企业治理

在电力现货市场环境中，市场竞争加剧，电网企业为了实现自身的可持续发展，就必须重视企业的管理信息化。信息资产管理与传统的信息专业化管理不同，其更为强调企业内部所有信息的整合、共享和统筹管理，必须建立与之相匹配的组织模式。通过一个常态化的管理组织，建立信息集中管理的长效机制，使企业能够将信息作为核心资产管理和应用，充分体现信息资产价值，从而提高企业运营效率和管理水平。

目前，同一企业系统内往往存在企业管理、信息交流技术的不同，见表 6.1。众多平台造成管理平台与应用系统的冗余，给企业人员管理与实操带来极大不便。未来企业管理信息化的发展趋势将从传统的单机应用、单元应用、集成应用向整合应用转变，电网企业资源整合可根据实际情况选择其中一种或多种方式。

表 6.1 电网企业内部管理平台

部 门	系 统 平 台
办公自动化系统	Lotus 平台
内部业务系统	数据库平台
内部网站	B/S 结构系统
客户服务中心/配电网络自动化	地理信息系统（Geographic Information System，GIS）平台
电网实时信息显示	专用开发的系统平台
部分系统	企业资源计划（Enterprise Resource Planning，ERP）软件平台

（一）操作系统平台的整合

整合操作系统级别的应用，并将其统一为包括信息资产管理系统在内的操作系统平台，使得操作系统更易于维护和管理，同时提高系统经济性，并为未来信息流的互通与共享打下基础。整合后的信息资产管理平台示意图如图 6.3 所示。

（二）数据的整合

数据整合是信息资产管理的基础。只有在数据资源层面进行整合，才能实现真正的信息流、数据流互通共享并消除数据冗余。数据整合的关键是实现基本数据定义的一致性、数据库建立的标准化和信息编码的标准化，从而实现各个系统之间的信息流交汇，减少冗余数据，实现数据的一次更新以及多种用途。

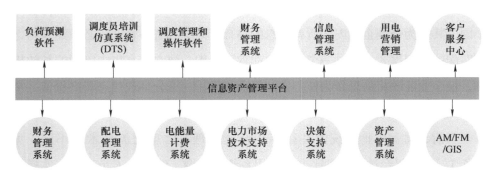

图 6.3　整合后的信息资产管理平台示意图

例如，为整合信息资源，我国安阳市电力公司已初步实现企业数据整合平台。其数据整合平台具有极高的灵活性与适应性，可以对不同时期建设的十余套业务应用系统进行数据整合。譬如，通过已知的企业供电量数据，可以直接解构电能量管理系统的实时电量信息，同时根据调度自动化系统的积分电量，实时监测和控制电网电量。安阳市电力公司数据整合平台设计模型如图 6.4所示。

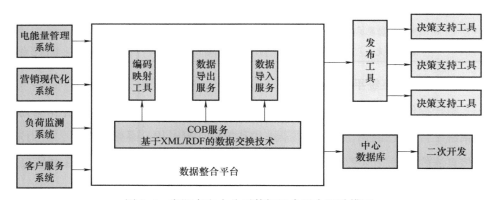

图 6.4　安阳市电力公司数据整合平台设计模型

三、服务品质

在电力市场营销中，电力公司应将消费者及其需求作为公司营销活动的核心。在信息资产管理的技术框架下，信息系统的作用不再单一。除了履行基本的信息采集和传递之外，还会对不同类型数据进行分析处理，提炼有价值的信息，并将其传递给有需要的客户，提升系统的整体响应度，加速各个主体之间的互动交流。作为电力公司产品和服务的主要依据，电力公司应全面了解用户的需求，电力公司的供电服务应更加具有针对性，并拓展更多的服务方向，从而实现最佳的服务效果，促进电力公司的长远发展。

现代电力公司以信息化为支撑，信息资产投资规模不断扩大，其承载的信息流急速增长，为电力大数据服务提供了良好的基础。应充分利用基础用电数据进行深入分析，理解客户用电行为特征，识别能源损耗，将数据分析结果作为服务产品，向用户提供高附加值服务。这些增值服务将有利于电力公司精细化运营管理，提高公司管理水平和运营效率，并可以产生更多的创新性业务。

例如，电力公司可以通过对电力需求侧能效监测与分析，挖掘大数据背后的用户行为，从而采取措施对用户用电进行引导，鼓励用户使用高效能终端设备以提高用电效率，从而提高效益。这往往需要采用先进节电技术对用电设备进行改造，在满足用户多元化用电需求的同时，引导用户节约用电、减少用电量消耗。用户可以使用节电电灯、空调、冰箱等家用电器或科学用电管理，从而减少用电量。而评估用户的节约用电潜力和用电减小量，则需要对用户用电信息进行采集、管理与分析，从而明确用户的用电设备中哪些尚需节电技术改造，并衡量其技术改造价值。

目前，在山西一些智能电力园区中，电力公司为用户安装了智能插座。用电设备的具体用电情况与用户用电行为习惯通过智能插座采集后发送给智能监控终端，智能监控终端再将信息整理后反馈给电力用户。通过电力公司的信息，用户可以了解自己安装的用电设备中哪些用电占比较大，各时间段分别是怎样的用电构成，从而了解哪些用电设备具有节电技术改造空间，优化自身用电行为。

随着电力公司信息资产管理的完善，用电采集系统的建设越发普及，电力公司每日可以通过智能电表收集大量用户的各类用电信息，将数据分析后，得出用电数据与季节、公司生产等相关因素之间的联系，从而向用户提供合理的用电建议，引导用户调整用电结构，节约用电成本，切身保障电力用户利益，提高用户满意度。譬如美国得克萨斯州的智能电网项目，IBM 公司通过在此处建造的 320 万块智能电表，极大程度上帮助用户收集和分析用电信息。随着设备技术的不断进步，智能电表从原有的一月一抄送提高为每隔 15min 就可以向 IBM 数据处理平台发送一次用户的用电数据，并基于信息管理数据平台对采集到的大数据进行专业处理，提出可行的节电报告。同时，IBM 还建立先进绿色项目，帮助用户监控和采集公司每日能耗，从而节约用电成本。

基于信息资产管理的用户能效分析与用电行为优化，可以深度挖掘电力公司采集到的数据价值，对峰谷时间、电费信息、用户种类及时空差异等电力信息进行分析。采用分布式计算、数据预处理、数据挖掘分析等数据处理技术，对用户负荷特征与用电行为之间的关系进行建模，研究用户用电行为、业扩报装、环境因素、行业用电结构变化对电量的影响，提取用户特征。用户电能分析模型可以帮助电力公司向政府、居民和工商业用户提供定制服务应用。对政府而言，可以通过电力公司提供的数据报告进行经济发展预测，为电价和补贴政策提供参考。对于冷、热、气等不同的工商行业而言，利用用户电能分析模型可以对冷、热、气等行业进行生产活动的调节优化，制定个性化的生产流程、用户服务流程，促进与电力行业的合作，实现更好的社会服务和更高的公司盈利。

综上，电力现货市场环境下电网企业的信息增值服务可以在信息资产管理平台的基础上，借助物联网、云计算等先进的理论、方法和技术，针对性地对各类主体进行差异化信息需求分析与研究，实现电网企业的信息增值服务的个性化、差异化、体系化改进，建立互联互通的信息资产管理平台，开创基于差异化服务、数据共享、智能平台的新型商业模式。

第三节　电力现货市场信息资产管理水准的提升

本节围绕数据信息感传算用的四个层次关系：量测感知、网络通信、计算平台、服务应用，分析探讨电力现货市场信息资产管理水准的关键技术。先进的智能传感量测技术可实现对用户用电信息全采集，为信息资产管理提供数据基础支撑；信息通信与网络安全技术可实现信息资产的快速高效传输；大数据与区块链技术可实现能源业务流、信息流、数据流高度可信融合；服务应用层为市场主体提供便捷灵活又高价值的服务，人工智能从复杂的历史信息中寻找规律指导电力现货市场参与主体的交易决策，有效提升市场主体对电力市场信息资产管理水准。

一、量测感知

基于智能传感量测技术可形成自主指令集架构电力终端高可靠、强实时多核主控芯片，微型智能电气量和非电气量传感器，实现电力系统状态全观全测，实现对用户的用电信息覆盖采集，为有效管理电力市场信息资产提供了数据基础。

量测感知层是电力市场信息资产管理的底层的支撑结构，将电力设备、家庭电器等物体连接起来，通过射频识别、传感器以及一/二维码等手段技术实现信息高效传递。在电力市场信息资产管理中，数据获取覆盖电力系统、交通系统、气象系统以及居民生活信息等多维度、全面的信息。通过实时数据与信息上传实现所有主体、设备可随时随地地进行数据传输，保证上级网络可以得到有效、准确且及时的数据信息，使网络层可以实时更新系统的状态，有效提高网络运行效率。通过对整个区域的海量数据的有效采集，电力市场信息资产管理可以为上层网络提供尽可能全面的数据内容，为社会生产、居民生活、电网运行提供智能、便捷的管理。

目前，各类量测感知层设备的传感手段、数据监测已经取得了一些实际应用。对于电力市场信息资产管理，电网在用户侧多使用单向电表，该设备只能取得有功功率与无功功率的有关信息，即仅能将用户侧数据信息上传至电网，而无法实现用户对用电情况的自主监测和调整。因此，为提高用户对电能质量的监测能力，研发一种可以远程编程与控制的智能电表。除具备测量功率的功能外，它还对电能质量进行分析，实现电表间的信息沟通并且可以基于用户要求对电能进行管理，同时兼顾对多种物理量的测量，以实现多表合一。通过一套设备或系统实现对用户与运行人员感兴趣的多种物理量测量分析，是简化量测感知层结构、提高工作效率的重要途径，也是设备发展的趋势之一。

二、网络通信

信息通信与网络安全技术贯穿电网的各个环节，为建造电力无线专网强化信息资产管理提供了技术支持。智能建模的信息平台处理技术，高速电力线载波通信、云端可定义、广覆盖、大连接通信接入技术，构建了跨时空限制的超高带宽、超低时延的天地一体弹性通信网和电力系统内安全免疫防御体系，通过高宽带、低时延的技术特性可实现信息资产的快速有效传递。

网络通信层的任务主要在于对源于感知层的数据进行收集与整理，实现信息的传递。网络通信层提供了能源互联网业务数据传输的通道，连接了感知层与平台层，是电力市场信息资产管理的核心支撑技术。而无线接入技术则是电力市场信息资产管理中的重要技术，也是"站-线-变-户"电网链路中的支撑技术。通过无线接入，将使得分散在输变电、配用电的终端设备广泛互联、信息深度采集、数据自动上云、云端智能处理，从而实现对"源-网-荷-储"设备状态的深度感知、电网运行状态的精准预测、电力设施的健康管理和故障自动判定，实现主动运维，提升工作效率和用户体验，提高电网安全经济运行水平。

网络通信层应有效兼容当前现有的网络结构，并满足电力现货市场信息资产管理中包括能源监测、运行控制、调度管理、能源交易和能源服务五大类业务对信息交互的需求，且兼顾下一代网络灵活组网特征。由多个层次星形结构纵向连接、自顶而下的树状网络结构；由先进物联网技术为导向的去中心、多跳自组织网络结构，并能够适应未来区块链运营模式。

网络通信层的传输通道应满足电力现货市场信息资产管理不同业务对信息

交换的实时性需求，包括有线和无线通信传输通道。其中，有线方式应考虑光纤、网络线、电力线载波的兼容；无线方式应考虑微波、微功率无线以及新兴的 5G、物联网（Internet of Things，IoT）等兼容。

三、计算平台

近年来，利用大数据与区块链技术开展电力行业信息价值挖掘，构建能源生态安全可信体系，成为实现能源业务流、信息流、数据流高度可信融合的基础。区块链的特点包含去中心化、去信任、信息难以篡改等方面，这些特点为电网大数据的信息资产管理以及电网大数据的推广应用，在技术上提供了一种崭新的路径。

大数据是指无法在一定时间范围内用常规软件工具进行捕捉、管理和处理的数据集合。能源互联网中流通的数据量较之前仅有智能电能表时的数据量发生了激增，为了实现能源业务流、信息流、数据流的高度可信融合，亟需一个全新的数据计算平台作以技术支撑，计算平台层应运而生。

计算平台层可以把通用的软件功能模块化，避免重复开发，这是其存在的意义。在能源互联网中，按照 Machina Research 的分类方法，计算平台层有 4 个方面的功能可以进行模块化，据此把平台层划分成了 4 个功能平台，分别是连接管理平台（Connectivity Management Platform，CMP）、设备管理平台（Device Management Platform，DMP）、应用使能平台（Application Enablement Platform，AEP）和业务分析平台（Business Analytics Platform，BAP）。以上 4 个功能平台都为应用层服务，可以缩短应用层的软件开发周期、减小开发成本。以上 4 个功能平台，少数国际巨头会选取多个功能平台进行开发，但由于其蕴含的工作量十分巨大，因此对于大部分平台类公司而言，仅仅会选取其中的某个平台作为其主攻方向进行开发。

四、服务应用

服务应用层旨在为市场主体提供更加个性化的服务，因此应用了人工智能技术。人工智能擅长从复杂的历史信息中寻找规律、学习知识，将更广泛、更复杂的因素纳入走势预测的分析中，用来指导电力现货市场参与主体的交易决策。因此人工智能的发展将使电网企业内部生产控制水平和电力现货市场信息资产管理效率得到显著提升；同时将极大丰富对外服务场景，培育综合能源服务新业态。

在对内业务方面，人工智能技术在能源电力生产转化（传统能源与新能源发电功率预测、机组组合优化等）、传输控制（输变电设备巡检与状态评价、运行控制、故障诊断、主动防御、电网拓扑识别等）、存储消费（用电行为分析、负荷预测等）各个环节均有广泛应用。同样，人工智能也将在对外业务方面（如车联网、综合能源服务等）发挥巨大作用。

服务应用层应包括电、气、冷、热等多能源监测、运行控制、调度管理、能源交易、能源服务等核心业务应用功能模块：

1）能源监测模块应能实现电、气、冷、热多种能源在传输、终端等不同节点中的实时状态监测，包括功率、电压、电流、频率、气压、流量、温度、热量等，同时应能实时监测关键设备运行参数和运行状态。

2）运行控制模块应能实现接入系统内关键设备的运行状态和参数调节，包括设备起停、输出功率、水流量、气流量、出口温度等参数的调节，系统应具备遥控功能。

3）调度管理模块应能实现电、气、冷、热多能源系统的整体能量优化和调度管理，可设置日前、日内等不同调度策略并执行，实现区域多能源的优化管理。

4）能源交易模块应能实现不同形式的能源交易，包括但不限于余量上网、电力支援、点对点直购电、点对点直售电、需求侧管理、合同能源管理、综合能源服务、热力交易、排放权交易等。

5）能源服务模块应支持不同社会服务主体同能源交易中心、能源调度运行机构及能源转换节点间的信息交换和数据共享。

第四节 电力现货市场信息资产的价值变现

对于海量信息的挖掘和运用，也预示着新一波生产效率增长和消费者个性化需求的到来。一些大数据的公司中找到了信息价值变现的路径，探索将这些公司的成功经验与电力现货市场拥有的信息资产相结合，构建盈利模式。按照数据来源和服务对象，可以划分为面向能源生产、传输、存储和消费环节的商业模式。本节列举各环节具有应用前景的商业模式。

一、基于气象大数据的发电管理

随着"空天地"一体化信息网络的加速布局，数值天气预报（Numerical Weather Prediction，NWP）和地表微气象技术正迎来快速发展，将为电力市场掌握和管理发电资源提供更加清晰精准的边界条件。新能源电厂能够更加准确地预测短期风电、光伏、径流水电的出力，传统电源能够通过预测次日负荷估计市场出清价格，气象大数据的补充有助于电力市场的平稳运行，减少备用资源的需求，提升经济性。基于不同的预测引擎，可将气象大数据预测方法分为机器学习与解析建模。

在机器学习方法中，新能源与气象大数据之间的关系（例如，表面辐照度、环境温度和风速）是通过训练获得的大量历史数据习得的。来自数值天气预报的天气条件直接作为机器学习的输入，无需预处理气象条件之间的耦合。目前常见的利用机器学习进行气象大数据的预测方法主要有：

1）基于气象的新能源发电日均小时预测方法。该方法包括分类、训练和预测阶段，并利用环境温度、降水量和太阳辐照度的真实历史数据进行了验证。

2）基于数据驱动的预测方法，可以提高短期新能源发电预测的准确性。考虑太阳辐照度，采用自回归方法预测提前一小时的太阳能。

3）相似日检测方法，考虑到辐照度、温度和风速来找到与目标预测日相似的几天，使用四个不同的预测引擎验证准确性。

4）利用支持向量机学习卫星图像和太阳能之间的天气状况映射。

5）采用高阶马尔可夫链预测新能源发电的概率分布。

6）利用预测框架探索来自应用于风能和太阳能数值天气预报网格的信息。

为了探索新能源发电与天气状况之间的物理关系，提出了解析建模方法。在解析建模中，理论上将新能源建模为不同天气条件的函数，然后根据现场实验对函数中的参数进行回归。目前现有研究都集中在光伏系统的精确建模上，但是由于实际光伏系统的非线性和时变参数，光伏建模非常复杂。基于解析建模的回归可能无法提供令人满意的结果，尤其是在雨天或阴天天气条件经常变化的情况。

精确的气象预测可以为新能源电厂提供更准确的风电、光伏、水电出力，从而为电力市场运营商调度发电资源提供更清晰的边界条件，提升电网运行经济性，实现气象数据资产的价值变现。

丹麦维斯塔斯风力技术集团利用超级计算机对大数据解决方案进行部署，实现对海量气象数据的分析，从而对风力涡轮机的布局进行优化，提升风力发电机的利用效率。

二、基于全景态势感知的电网设备监测与运维

全景态势感知已广泛应用于军事侦察，在电力系统中能够通过相量测量单元、智能电表、全景可视化系统等数据感知终端对电网设备进行监测和运维，从而为调度中心和交易机构把握电网运行状态和主动防控提供基础工具和平台。

电力系统状态估计对能量管理系统起到至关重要的作用。广域量测系统中的 PMU 凭借能够对电网的电流以及电压向量进行高精度测量的优点，在电力系统中得到了广泛应用。

通过在用户总电流入口总线上安装智能电表可以实现对用户家中用电设施相关信息的采集。电力公司通过对智能电表收集的海量数据进行聚类以及算法分析得到用户的用电方式，根据用户的用电情况对用户消费等级进行分类。建立用

户缴费评价机制，根据用户的缴费情况向用户提供不同等级的服务并给予相应的奖励。通过对用户的电能消费信息分析，可以在一定程度上优化对电能的使用，加快可再生能源的发展，可以有效提升社会福利。

近年来，图像识别中的神经网络逐渐成为研究的热点。人工神经网络技术通过对信息进行分布式存储以及并行处理，可以满足对海量数据图像的高精度识别与处理要求。

随着相关技术的飞速发展，计算机科学的发展水平得到了极大提升。然而计算机科学仍然无法实现对声音、图像等外界信息进行直接感知，需要从人工智能、神经网络等新兴技术入手解决这一难题。因此对神经网络图像识别技术进行研究是未来图像识别的重要方向。

南方电网公司印发的《智能技术在生产技术领域应用路线方案》，对新兴技术的发展做出了全面分析。方案研究了智能技术成功应用案例，规划了未来智能技术在电力行业的应用前景，为南方电网公司探索智能技术与电力技术的融合指明了方向。

三、基于信息感知的电动汽车智能互动

大力发展电动汽车已成为促进能源与交通低碳化融合的重要手段，然而大规模电动汽车并网将对电力系统产生巨大的冲击。目前，电动汽车车网互动的潜力尚未挖掘，本节将探讨如何利用充电枪感知的电动汽车信息，动态生成大规模车联网的可行域，并研判智能互动对于电力市场的潜力和价值。

电动汽车数量的增加将给电网带来挑战，可能导致峰值负荷的显著增加，低负荷时期可再生能源过剩。而受控的电动汽车充电可以在很大程度上缓解这些问题，从而将电动汽车从电网负债转变为有价值的资产。预测表明，到 21 世纪 30 年代末，美国中部大陆独立系统运营商（Midcontinent Independent System Operator，MISO）电网将接入大量的电动汽车，不受控制的充电将导致峰值负荷增加高达 10%。相比之下，受控充电可以极大地缓解这些挑战，单向充电极大地避免峰值负荷增加，填充低谷负荷；双向（Vehicle-to-grid，V2G）充电可提高负荷

灵活性，从而大大降低峰值负载。

因此，受控充电是解决大量电动汽车并入电网导致峰值负荷增加的有效方法，此外受控充电还可以降低大量可再生能源发电带来的峰谷差。

从 2020 年起，西宁市新增和更新的公交车全部使用纯电动车。到 2024 年底前，市公交集团运营的城市公交线路全部实现纯电动车。加快纯电动车在出租车行业的推广应用。2025 年底前城市建成区内运营的邮政、快递、城市物流配送领域轻型车辆纯电动车使用率达到 100%，并逐步在市政环卫领域推广使用纯电动车。全市 A 级以上景区从 2020 年起新增和更新的营运观光车辆全部使用纯电动车。同时，西宁市将加强基础设施建设保障。科学统筹充电设施规划，编制《西宁市电动车充电设施"十四五"建设规划》，并纳入国土空间规划。推进纯电动车公共停车设施建设、加快住宅小区电动车充电设施建设与改造、加快公共服务场所充电设施建设、探索研究动力站建设。此外，西宁市将优化纯电动车推广应用政策环境，保障充电设施建设用地供应，进一步降低充电服务费。

四、基于共享经济的用户增值服务

未来的电力市场将展现出能源生产分散化的特性，用户安装分布式光伏、家用燃料电池、储能等灵活性资源，如何构建信息平台实现海量分布式资源的共享交易成为关键难题。共享经济的核心思想在于使用权与所有权分离，在共享经济的激励机制下，售电公司将为用户提供各式各样的增值服务：能源共享代理、家庭能量管理、绿色电力和碳交易、金融服务等。

近年来，一些学者将共享经济的概念和商业模式引入电力市场，鼓励用户之间进行 C2C 的能源交易，既可以实现能源的本地消纳和共享，同时降低对主网的波动性和不确定性。比如通过能源共享与优化管理，建立去中心化的协调方法，实现消费者用能成本的最小化；通过储能资源的共享，实现降低用能成本、提高储能收益的目的等。作为一种新兴商业模式，共享经济要求使用权和所有权相分离，在配电网中用户可以将自身剩余的屋顶光伏、家用储能分享给其他用户，促使其他用户改变用电行为以充分利用闲置分布式能源。而用户希望在共享分布式能源的同时，能够获得相应的收益。在分布式能源交易中引入市场价值分配的模式和理念，辨识不同分布式能源创造的贡献进行合理的价值分配，省略报价流程，简化市场交易，以市场价值分配机制激励分布式能源主动参与市场运行。

　　许多公司在能源领域开展了共享经济新的商业模式。例如加利福尼亚州的Mosaic 公司向社会提供太阳能电池板的购买与安装费用贷款以推动光伏发电的普及，从而促进光伏发电的共享经济发展。

第七章

电力现货市场商机发掘

随着我国电力市场改革的推进，电力现货市场试点省份已经开始连续试结算工作，未来电力现货市场在各试点省份将会逐步成熟。届时，电力现货市场的平稳运行将产生体量庞大、多维度的市场交易信息、系统运行数据、市场成员运营信息等。随着电力现货市场的不断发展，上述各类市场信息将发挥越来越重要的作用，其背后蕴含的商机也将逐步被挖掘，为各类市场主体创造更多的价值。

第一节　洞悉电力市场信息资源背后蕴藏的新商机

电力市场信息作为一种宝贵的数字资源，在售电增值服务、综合能源系统等众多领域都有着巨大的商业价值，合理有效地开发利用电力市场信息将有机会发掘新的商机。

一、电力市场信息在电网业务系统中的应用

随着新能源接入比例的不断提高与跨区电网互联的日益加深，现有的机组调控模式及管理方法难以匹配新能源本身所固有的波动性，造成弃风弃光等现象的发生以及电网频率的不稳定。需要考虑如何根据各区域电网内电源的情况，掌握自身的功率调节空间和调节速率，进而提炼出区域电网内的功率实时

调整空间，为跨区域电网调度提供参考决策。电源侧机组的功率调节空间和调节速率是受多方面因素影响的，比如对火电机组来说，影响功率的直接因素为汽轮机调门的开度、锅炉主蒸汽压力的高低等，而锅炉主蒸汽压力的高低又受磨煤机的制粉能力，给水泵的供水能力，送风机、引风机、一次风机等的风量控制等诸多系统的影响，如果电网将所有机组的数据采集到主站端，那么一台机组的数据点就是上万个，并且对数据的可靠性也提出了严格的要求。因此，需要在子站电源端的数据平台上进行开发，根据电网关注的数据进行研发。同时，通过电源侧发电机组状态的全面感知，提高其发电、并网及新能源消纳问题；在负荷侧，提升用户用能效率，进而实现源网荷协同发展。

针对运维过程中的工作不便捷、疑难故障需远程协助的问题，提供物联网移动协作解决方案，包括使用移动化技术的 APP、"互联网+"思维的资源整合远程协助和生物识别技术的认证权限管控，提升运维工作的便捷性，保障电力物联网系统的运行安全稳定。

方案特点：移动化 APP 实现随时随地掌控系统状态、远程协助实现故障会诊处理、实现生物识别认证，更加安全。

应用场景：领导外出时的在线审批；运维人员夜间及时感知系统状态；疑难故障多专家会诊处理；故障处理时在线查看备件状态；运维人员手持终端开展核查资产等。

二、电力市场信息与产业升级

产业升级涉及的各个领域，催生出电能消费潜力巨大的用电新业态，不仅成为未来用电增长的新动能，也给电网企业运营与发展带来新的机遇与挑战，成为推动电网转型和电力管理变革的重要力量。

产业升级推动新一代信息技术与制造业深度融合，全面提升制造业的数字化、网络化和智能化能力，将大大促进高技术及装备制造业相关行业的高质量发展，带动用电快速增长，成为拉动工业用电增长的新动力。5G 基站、大数据中心作为产业升级中数字产业的基础核心，也是耗能大户，规模激增的背后将带来用电的持续攀升。新能源汽车充电桩是"新基建"的重要一环，潜力巨大，未来几年行业增速及用电将会有所提升。除此之外，随着全球对于能源利用效率、碳排放等目标的进一步提高，汇集绿色、高效、智慧等产业升级关键技术的综合能源系统成为能源转型发展的重要方向，综合能源系统既是电源又是负荷，成为区别于传统电源和负荷的新业态，产业升级背景下更需要重视其发展。

由于新业态用电配套服务需求的增长、综合能源系统的出现、电力体制改革的不断深化等，这些业态的发展和体制的改革将会助推电网企业挖掘综合能源服务、用电增值服务等业务的发展空间，拓宽自身业务领域，开发更多的盈利模式，并将促进电网企业创新终端一体化集成供能系统管理和运行模式，从事市场化供能、售电等业务，为电力管理体制机制带来变革，推动电力现货市场环境下商业模式的创新。

三、电力市场信息与能源互联网

能源互联网中的大数据体量巨大。随着智能电网的发展，能源互联网部署了大量的智能电表和其他监测设备，产生了大量的数据，而且这些数据正在迅速增长。与智能电网相比，能源互联网不仅将能源的生产和应用从电力扩充增加至与电力存在能源转化、互通互动的供热、供冷系统，燃气系统，交通系统，而且更强调了在互联网思维影响和互联网技术支撑下的各方参与。鉴于此，能源互联网的数据源进一步被扩大，特别是外部数据，如：天气、地理环境、参与者的特征数据等，对能源互联网的规划、运营等都将产生很大的影响。

能源互联网大数据结构复杂、种类繁多。除传统的结构化数据外，还包含大量的半结构化、非结构化数据，如客户服务中心信息系统的语音数据，设备在线监测系统中的视频数据与图像数据等。能源互联网大数据实时性要求高。能源生产、转换和消费要求瞬间完成，能源互联网中的大数据中包含着很多实时性数据，数据的分析结果也往往具有实时性要求。

能源互联网大数据包含着巨大的价值。大数据应用贯穿能源互联网的每个环节，通过大数据技术应用可对能源生产、配送、转换和消费各个阶段进行科学预测，及时发现潜在风险，保证安全性和经济性；大数据应用支撑能源互联网新业态的产生，为各方参与者提供新服务。

第二节　基于电力市场信息服务的新兴业务

在电力现货市场环境下，电网企业将成为新型的大数据服务商。电网企业拥有海量电力客户的用电信息，能够为电力设备的运维检修、客户的肖像描绘等提供大量的增值服务。在 2020 年初的新型冠状病毒肺炎疫情期间，电网企业的电力大数据为企业复工复产的定量评估提供了有力的工具。

一、打造电力市场领域的 Bloomberg

彭博有限合伙企业，简称为彭博（Bloomberg），是全球商业、金融信息和财经资讯的领先提供商，由迈克尔·彭博（Michael Bloomberg）于 1981 年创立，总部位于美国纽约市曼哈顿，拥有 19000 余名员工，业务遍及全球 185 多个国家与地区。

彭博的产品包括彭博终端（Bloomberg Terminal）、交易与订单管理（Trade and Order Management）等，为财经及商界专业人士提供数据、新闻和分析工具。彭博的企业解决方案借助科技手段，帮助客户进行跨机构数据和信息的获取、整合、分发及管理。

在电力现货市场领域，谁掌握更多的信息资源，谁就能够在竞争中处于主动地位。因此，谁能够收集、掌握更多的电力市场信息，谁就有机会成为电力现货市场领域的 Bloomberg。这是一个巨大的商机，将能够为更多的市场主体提供有价值的信息。这些信息不仅是简单的汇总，还应包括深度的分析和解读，形成相应的行业报告，提升信息的价值。

2007 年成立的一家美国公司 Opower 便是一家电力市场信息服务商。

Opower 公司为电力公司提供用户接入平台的软件服务。该公司提供的服务无需在用户家中安装任何设备，其软件通过统计算法从海量市场信息中进行模式识别，就可以识别用户的分类用电情况，并最终为用户提供例如供暖或制冷使用情况，从而为用户节省资金。统计显示，自 Opower 平台建立以来，使用 Opower 的用户能耗普遍降低了 2%~5%，相当于减少了约 130 亿磅的 CO_2 排放。新能源的快速发展使得分布式能源用户在电力市场中更加积极，另外分布式能源用户的能源管理需求也变得越来越复杂。通过 Opower 为分布式能源发电商和电力公司提供技术服务，二者之间的互动变得更为良性，分布式能源用户更加积极地参与市场，同时也更好地控制能源消费与生产，目前 Opower 为超过 100 个电力公司和 6000 万分布式能源用户提供该项服务。面对电力市场上的实时电价，Opower 同时为用户提供移峰的需求响应方案，从而为用户节约用电成本。Opower 还为用户提供智能电表客户报告及其能源管理的方案，从而实现需求侧管理。

二、电力市场信息催生的供电新业务

智能电力用户信息采集系统使得电网企业可以通过远程分析实时负荷、电流、电压曲线等数据，预判用电异动和隐患，进一步提高供电保障队的应急响应速度。

研发应用"电力大数据+社区网格化管理"算法，将浙江杭州供电公司所辖 60 个社区纳入电力大数据管理，15.75 万户居民超过 1000 万条电力数据的收集和分析，推出了居民不同居住场景的算法模型。

春运返程开始后，杭州完成了 3 轮 150 余万条次的电力大数据巡航，精准判断出区域内居民的日流动总量和小区分布，并把电子"一单一表"发送到社区负责人手中。一单，指的是社区防疫预警清单，包括预警人员和预警原因。一表，指的是电力数据排查分析表，上面用红白绿三色标识业主在家状态，帮助社区核对检查实际人员流动情况。

针对杭州市滨江区 347 户居家隔离人员、独居老人等人群，杭州供电公司研发"服务特殊群体"算法，将电力数据监测从每天 1 次增加到 96 次。覆盖这些住户的"用电体检"每 15min 就完成一次，计算实时负荷和正常历史数据的偏移率，判断是否存在异常，并在 1min 内将紧急异常预警推送给社区和医疗人员。

浙江宁波供电公司也采用大数据分析手段，对新型冠状病毒肺炎疫情期间人员密集小区住户的用电情况进行研究，通过居民客户每日用电量的变化情况，分析其近期出入行为，进一步挖掘潜在需隔离人群，助力政府、社区和物业开展精准管控。该公司共对全市疫情较为严重的街道小区内的 80 万居民客户约 3000 万条电力数据进行了收集研判，大大提高了政府的防控排查效率。

三、电力市场信息挖掘企业复工复产状态

2020 年在新型冠状病毒肺炎疫情阻击战的关键时期，多省市根据电力大数据开展了企业复工电力指数的测算分析，为当地企业复工情况的摸排提供了有力帮助。根据用电信息采集系统中企业历史用电量情况、当日用电量情况等数据，综合考虑复工电量比例和复工企业数量比例两个因素，得出复工指数 R。该指数能动态监测、精准分析各区域、各行业由点及面的复工复产情况。

$$R=（复工电量比例×0.5+复工企业数量比例×0.5）×100$$

这个指数是由国网浙江省电力有限公司最先研究的，以浙江省 2020 年 2 月 10 日复工首日的数据为例来看：

2020 年 2 月 10 日，浙江省全省复工企业数量为 64590 户，占全部企业客户数 333427 户的 19.37%。当天，复工企业总用电量为 40541.65 万千瓦时，占 2019 年 4 季度日均用电量 128807.02 万千瓦时的 31.47%。

套用公式：（31.47%×0.5+19.37%×0.5）×100＝25.42，即 2020 年 2 月 10 日，浙江省全省企业电力复工指数是 25.42。复工指数 25.42 意味着现在企业复工水平达到了 1/4。较前一日（2020 年 2 月 9 日）指数 24.79，确有所上升。这是整个浙江省全行业的复工水平。

2020 年 2 月 10 日，浙江全省疫情最严重的是温州市，其企业复工电力指

数为 12.10，在全省垫底，复工水平最低。舟山市以 63.54 位居榜首，据分析是因鱼山石化项目总体抬升了复工指数。

2020 年 2 月 10 日，浙江省分行业的复工指数排名为：金融业（67.35）、信息传输软件和信息技术服务业（66.54）、房地产行业（63.36）。工业的复工水平最低，仅为 14.44。批发和零售业的复工电力指数为 30.77，远低于去年同期，具体到温州市是 25.69。

在浙江全省采集终端 370 万个，每天采集数据 7.8 亿条。复工指数能够实现分地区、分行业分析，纵向涵盖全省各地市、县级层面，横向涵盖信息传输软件业、公共服务业、工业等国家规定的十大行业分类。

特别是，指数还对规模以上企业、制造业、医药行业、食品行业以及口罩、防护品行业复工情况进行分析，便于政府部门重点了解疫情防控期间规模以上企业及疫情防控相关保障行业复工情况，并做好相应服务决策。企业一开生产线，就要持续用电。通过用电量判断企业是否开动马力、复工生产可靠性很高。而用电信息采集系统采集的数据，本身就具有不可侵入性，权威、准确、实时、连续，所以，可通过这些数据精准分析到每个客户。

此外，指数一半考虑多少企业已经复工，另一半考虑复工后的企业用电量与去年同期的比值。两个评价维度的比重各占 50%，综合又客观。企业复工电力指数确实可以为政府分析核实企业复工情况提供数据支撑，及时有效防控疫情风险，也能够为政府制定复工复产及疫情防控决策提供辅助。

四、节点电价预测

节点电价的概念最早由 Schweppe 等人于 20 世纪 80 年代提出，节点电价的定义是在满足系统各设备工作条件的约束时，系统某个节点增加单位负荷时所需增加的边际成本。节点电价理论自提出以来不断发展，由于其能够捕捉电力市场的边际成本，为市场成员提供价格信息，同时阻塞分量的引入可以有效反映不同节点电力资源的稀缺程度，因此节点电价在各大电力市场得到广泛应用，例如美国 PJM 电力市场、得克萨斯州 ERCOT 电力市场，加利福尼亚州

CAISO 电力市场和纽约 NYISO 电力市场等。目前我国现有的广东等第一批 8 个电力现货市场建设试点地区也均采用或借鉴了节点电价理论。

节点电价预测在电力市场中有着非常重要的意义。节点电价的影响因素非常复杂，与电力市场中的诸多信息有关，例如系统各个节点负荷、发电机组出力、每条线路潮流以及市场成员报价。电力市场运营商由于可以接触系统全部的电力市场信息，如机组报价、系统实时运行状态、系统拓扑等，因此可以构建较为完整的系统模型预测节点电价。对于电力市场运营商而言，节点电价的预测可以反映系统未来一个阶段的安全性，同时还能为电力系统规划提供指导信息。

第三节　电力市场信息资产的激活——创造全新盈利模式

2016 年 2 月，国家发改委、国家能源局以及工业和信息化部联合下发《关于推进"互联网+"智慧能源发展的指导意见》（以下简称《指导意见》），以促进能源和信息深度融合，推动能源互联网新技术、新模式和新业态发展，推动能源领域供给侧结构性改革和能源革命。其中，分两个阶段提出未来 10 年的发展目标和方向，将以试点先行、后续推广的方法，确保取得实效。

同时，政府"十三五"规划纲要明确提出，积极构建智慧能源系统。推进能源与信息等领域的新技术深度融合，统筹能源与通信、交通等基础设施网络建设，建设"源-网-荷-储"协调发展、集成互补的能源互联网。我国目前有超过 300 个城市启动了智慧城市的规划和建设，为能源互联广域网的发展提供了综合的平台和政策支持，因此智慧能源领域的发展与前景是较为广阔的。

从盈利模式创新来看，电力市场信息大数据的内涵包括以下三个方面：一是打破电力发、输、配、售不同阶段的数据壁垒，数据范围涵盖电力生产运营全过程；二是注重电力领域综合分析预测，对不同类型能源消耗、用电行为特征、电力供需形势、用电企业经营趋势等问题进行综合预判，能够显著提高电力生产消费预测的准确性与及时性；三是注重能源领域盈利模式创新，充分挖掘能源数据价值，从信息服务、数据分析等方面为智慧城市、智能电网、智能家居等领域提供新的盈利模式。

一、非侵入式负荷监测

非侵入式负荷监测（Nonintrusive Load Monitoring，NILM）又称为非侵入式负荷分解，在电力市场尤其是需求侧响应中将发挥越来越重要的作用。非侵入式负荷分解指的是在居民用户用电入口安装智能电表获得总用电信息，利用大数据分析技术，推算出用户各用电器的用电情况及能耗数值。相比于需要为用户内部每个用电器安装量测设备以获得其用电信息的侵入式负荷监测（Intrusive Load Monitoring，ILM），非侵入式负荷分解具有成本低廉、易于实施等优点。在智能电网、电力需求侧管理、大数据分析等技术不断发展的今天，非侵入式负荷分解受到越来越多的关注。

非侵入式负荷分解可分为基于暂态信号和基于稳态信号两种方法。基于暂态信号的方法通过高频采样，获取用电器开闭时刻的暂态特征如电压、电流波形等来进行负荷分解，对量测设备和数据储存空间有较高的要求，故不适宜用于居民负荷的分解。基于稳态信号的方法通常利用低频采样的电压、电流或有功功率数据进行负荷分解，对量测设备要求低，可以直接从目前正逐步推广的智能电表中获取数据，故具备更强的发展潜力。

目前已有将深度学习应用于非侵入式负荷监测，模型对不同的用电器分别构建了网络架构完全相同的深度学习模型，并进行分析，对其模型参数进行训练，最终仅需要低频采样的总负荷有功消耗数据即可实现负荷分解。现有模型对于微波炉、洗衣机、洗碗机等具有较为清晰的工作模型，且工作区段内功率较大的用电器可有效辨别与定位；对于电视等工作区段内功率较低的用电器，由于其容易淹没在大功率用电器产生的噪声中，故对其辨别与定位的准确度会有所下降。

进一步来说，电网企业可以通过非侵入式负荷分解了解用户用电习惯和用电偏好，从而为用户定制个性化的菜单电价、用能及节能改造建议，帮助用户降低能耗，获得增值服务利润。电网企业通过综合分析用户负荷曲线等电力市场信息智能识别用户电力设备，构建不同设备的投资运行成本模型及需求响应经济模型，最终为用户构建需求响应方案，从而实现需求响应业务的加速升级。

二、电力市场信息的利用加速需求响应业务的升级

我国从 2004 年开始启动国家层面的需求侧管理工作。经过十几年的发展，我国需求侧管理项目已发展多个种类，包括分时电价、能效电厂、移峰填谷和需求响应。需求响应作为需求侧管理的一个重要组成部分，充分发挥了市场的调节作用，通过激励引导用户参与电网的负荷调控，维护电网的稳定运行。

利用需求响应对负荷侧实施增减双向调控，能够克服清洁能源随机性、间歇性等不利因素的影响，实现电力供需短时平衡。需求响应不仅可以化解电网运行带来的风险，使电网故障应急处理时间从分钟级缩短至毫秒级，还可以为提前应对大面积停电事件提供专业手段和关键资源，将大面积停电消除在萌芽阶段。

电力市场信息资源的有效开发利用可以使中枢、业务平台等多种形式提升需求响应业务的应用效果更加系统化。目前已有学者提出一种基于智能电表数据驱动的实时需求响应潜力评估方法，鉴于智能电表在我国已实现大规模普及，该方法可以通过智能电表收集得到的大规模历史数据学习得到用户层面（居民用户、商业用户和工业用户）和聚合层面的各种行为概率，从而辅助用户或发电商在实时市场进行需求响应决策或市场决策。在重大需求响应事件发生时，这种实时性使得需求响应激励或价格可以得到实时发布，从而更好地调动用户参与需求响应。值得注意的是，该种基于电力市场信息的方法可以有效避免常规方法对调查数据和经验数据的依赖。

为了实现电力需求响应工作全系统化、网络化的运行，江苏省电力公司建设了电力需求响应平台。该平台以有序用电智能决策系统为基础，涵盖需求响应用户申报、方案审核、用户签约、需求发起、效果评估与反馈、用户申诉与反馈、补贴核算等需求响应全过程，是政府、电网企业、电能服务商、电力用

户四方协同运行的业务平台。该平台于 2017 年 5 月正式投入运行，并于 5 月 24 日在苏州对 245 户大用户开展了实切验证，实现精准切负荷 26.68 万千瓦，用户侧零误跳完成实切演练，充分验证了系统的可靠性及其友好互动性。

三、基于分块电价的售电方式

当前国内外零售市场售电定价主要采用固定电价、月度变动电价、分时电价等方式。固定电价、月度变动电价难以对用户的时序用电方式产生影响。分时电价虽然能够对用户用电方式产生较大影响，但由于未考虑用户用电模式对发电资产利用率的差异，存在用户之间交叉补贴的问题。从国外经验和我国当前具体实践来看，发售一体是一种普遍的售电商组织形式。在英国，6 大主要售电商均拥有发电资产，为发售一体的公司。在美国，拥有发电资产经营售电业务的售电公司也占有非常高的比例。电力用户的用电习惯对发电资产的利用率有着显著的影响。因此，在售电定价时，需要个性化地考虑用户对发电资产利用率的贡献。

目前，有学者提出了一种基于用户负荷曲线的分块电价定价策略，以解决上述问题。分块电价的制定过程为：售电商从售电系统中获取其所代理各用户的日负荷曲线，将其基于统一优化模型填充进总负荷曲线的各块中，确定总负荷曲线中各块对应的时段，以及用户在各时段填充到总负荷曲线中各块的负荷大小，从而得到总负荷曲线中每一块的分块电价，进而得到各用户在每一块的电费以及用户在各时间段的总电费。

分块电价通过对售电公司自有的用户负荷曲线相关信息的分析，实现精准量化不同用户对发电资产的贡献，进一步激励用户削峰填谷优化自身用电行为，提高发电资产利用率，促进可再生能源的消纳。

第四节　营造电力市场信息资源应用的生态体系

电力已经成为能源领域的核心。电力行业的变革与创新，对于能源体系而言举足轻重。电力行业的信息化应用与建设进程，经过十几年的发展，如今已经取得了重大的成果。信息化在电力行业中，尤其是在生产、经营以及管理过程中的重要性日益凸显，也为我国智能电网的搭建奠定了坚实的基础。

据前瞻产业研究院《中国电力信息化产业市场前瞻与投资战略规划分析报告》的统计，近年来我国在电力信息化领域的投资规模逐步加大，目前已经超过 500 亿元。很显然未来想要打造电力行业新的生态模式，实现电力信息化的目标，互联网、大数据与云计算技术将会成为关键。电力信息化建设包含多个方面，主要包括发电企业的信息化建设与电力网络的信息化建设。电网与电厂的分离能够让电力信息化的分工更加明确，对于参与者也能够更加有重点地投入。

目前，发电企业的信息化建设逐步加速，信息网络与通信基础设施已经形成规模。发电企业的信息化建设基本到位，主要集中在生产过程方面。

因此，对于电力信息化行业参与者来说，随着电力领域市场化竞争日益激烈，需要为发电企业的资产管理、企业资源计划、业务管理等各方面进行布局。对发电企业的各类数据进行处理、分析、应用与创造，形成能够为发电企业提供实际价值的信息化产品，提高发电企业的管理水平，同时有效降低发电企业的生产成本。

另外，在电力网络中，信息化、自动化水平基本上也达到了国际水平，各种能量管理体系在电网调度中的应用，电力信息化建设专用系统的开发，证明了我国在电力信息化领域的重大突破。

在新形势下，行业的发展越来越注重各类系统的协同、智能化与体系化。开展精益化管理，构建电力市场信息资源应用的生态体系，成为电力运营领域的追求目标。对电力信息化业务的运营者而言，需要对用户的需求有更为精准的把握，同时也需要更高的技术水平。

一、综合能源服务商业新模式

综合能源服务是由新技术革命、绿色发展、新能源崛起引发的能源产业结构重塑，综合能源服务的发展将会推动新兴业态、商业模式、服务方式的不断创新。

综合能源服务具有综合、互联、共享、高效、友好的特点。综合即为集成化，包括能源供给品种的综合化、服务方式的综合化、定制解决方案的综合化等。互联是指同类能源互联、不同能源互联以及信息互联，以跨界、混搭的组合方式呈现。共享是指通过能源输送网络、信息物理系统、综合能源管理平台以及信息增值服务，实现能源流、信息流、价值流的交换与互动。高效是指通过系统优化配置实现能源高效利用，从传统工程模式转化为向用户直接提供服务的模式。友好是指不同供能方式之间、能源供应与用户之间友好互动，可以将公共热冷、电力、燃气甚至水务整合在一起。

未来相关电力企业比拼的不仅仅是发配售输电，更应该比拼全方位、综合性的能源服务，主要有以下几种商业模式。

（1）配售一体化模式

在国外有许多配电网大多由私人进行投资和建设，例如法国、德国等欧洲国家，特别是德国，由于20世纪90年代末私有化浪潮，大部分配电网资产都实现了私有化。之后随着售电市场的开放，诞生了许多拥有配电网资产的配售一体化售电公司，这样的售电公司相对其他售电公司最大的区别在于，公司不仅可以从售电业务中获得收益，还可以从配电网业务中获得配电收益。

（2）供销合作社模式

供销合作社模式的售电公司是将发电与售电相结合，合作社社员拥有发电资源，通过供销合作的方式将电力直接销售给其他社员，同时售电公司获得的售电收入中的一部分将继续投入建设发电厂，以此达成发售双方共赢的局面。

（3）综合能源服务模式

国外一些售电公司在开展售电业务的同时，也对该地区开展其他能源甚至公共交通等提供服务，也就是城市综合能源公司。这类公司一般都提供供电与供气服务，客户可以与公司单独签订用电或是用气合同，公司也会提供综合能源套餐。相对于单独签订合同，同时与公司签订供电与供气合同能够得到更多的优惠，这也是这类公司吸引和留住客户的重要手段。此外有一些地区性综合能源公司还提供热、水、公共交通等服务，让客户可以享受多方位的能源服务。

（4）售电折扣模式

为了更好地吸引客户，售电商不仅提供较低的基本电费，还针对新用户提供诱人的折扣。许多新加入的工商业用户能够通过这类套餐在初期显著地降低用电成本，而居民用户更是有可能通过返现和折扣在第一年减少20%的电费支出。对于部分用户甚至可以采取预交电费提供更低折扣的方式。

二、电力市场信息促进分布式能源普及

随着太阳能等新能源技术的进步，广大用户正逐渐从传统意义上的能源消耗者转变为能源生产和消耗兼而有之的分布式能源用户。然而数量巨大且不稳定的分布式能源并网导致负荷不平衡愈趋严重，而传统火电、核电机组占比的减少，进一步导致电力系统的灵活性降低，这无疑对电力系统的安全稳定运行提出了更高的要求。而电力市场信息的充分挖掘与利用则有助于实现分布式能源在本地快速和充分地消纳，从而减轻电网压力。一个覆盖德国 Saarlouis 五百户家庭与太阳能系统名为"Peer Energy Cloud"的项目，充分验证了电力市场信息在促进分布式能源普及上的巨大潜力。

该项目通过各种类型的传感器收集用户的各类用电信息以及天气等外部因素信息，并对收集得到的海量信息进行预处理和算法识别，构建不同类型的细颗粒度曲线。然后，这些曲线作为动态贝叶斯网络的输入数据，形成用户的长期和短期负荷预测以及分布式能源出力预测。在虚拟电力市场上，各个分布式能源用户根据预测得到的负荷与出力进行电力市场交易，从而实现微网范围内的实时负荷平衡，避免大规模的跨区域调度，减少联络线的压力，有效地保障了分布式能源消纳与电力系统安全稳定运行。

三、电力市场信息助力电网公司向大数据服务商转型

能源消费涉及人类社会的方方面面，在人们生产、生活、出行中均需要电能，可以说能源消费尤其是电力消费已经贯穿了人类活动的全过程。由于云计算与大数据技术的进一步发展，电力市场信息也逐步显现其可观的价值。电力作为经济发展的先行官与晴雨表，不仅能够有效地反映社会经济活动的发展水平、空间布局，还能反映各行各业的发展态势及其相互影响。这些信息对于政府部门的宏观政策制定具有重大意义。而通过对企业用电量的分析，则可以获得燃料、原材料的价格变动信息，这些信息有助于大型工业企业及期货市场参与者及时调整库存。同时，电网公司通过对企业的用电及缴费等信息进行分析，可以为企业和银行提供第三方的企业征信信息，从而提高企业融资效率，提升银行信贷审批效率，降低银行贷款风险。通过对电力市场信息的充分挖掘，电网公司可以为政府、企业等不同市场主体提供大数据服务，从而拓展自身业务。

第八章

市场主体信息分析

在电力现货市场交易活动中，电力市场信息的收集与运用，有着不可替代和极其重要的作用。纵观当今社会，各行各业都非常重视信息的收集和运用。一些企业甚至还设立了专门的信息收集与分析部门。对于市场主体来说，尤其是电力交易对其生产经营影响极大的企业，如发电企业、售电公司、电力用户等，需要着重加强信息分析工作，进而在电力现货市场中有效提高企业的竞争优势，使得企业的效率得到提升。市场主体可以借助相关机构提供专业的信息服务，但也需要自身掌握核心信息和信息分析的方法，指导自身企业决策。

在第五章我们分析了电力现货市场信息服务的主要内容，市场主体可以直接选择相应的服务商提供信息分析工作，也可以自行开展相应工作，本章主要讨论企业自主开展信息分析的情况。

第一节　市场主体信息分析的思维框架

目前我国电力市场建立时间较短，市场主体的电力市场信息统计分析工作还不成熟，需要进行分阶段设计，逐步实现信息统计常规化、流程化。具体可采用"初期倒推，后期正推"的设计思路。

一、明确企业电力市场信息分析的目的

无论发电企业、售电公司、电力用户，掌握和分析电力市场的信息都是

为了服务企业的经营决策，提升企业竞争力。具体来说，主要包括三个方面：一是服务企业战略制定，供企业高层根据电力宏观发展情况、市场运行状况决定企业未来发展方向。二是服务企业市场业务战略，包括市场部署、营销策略等。三是服务具体业务决策，如生产安排、交易报价、交易量决定等。

二、初期思路框架

在电力市场建设初期，发电企业从纯生产部门向生产+营销部门转化。市场化售电公司都是刚刚成立，用户也是刚开始以市场化电价购电。完整的市场信息管理系统建立还需要一个过程。在市场建设之初，可以根据优先级决定电力市场分析的先后顺序，由迫切需要支撑的工作倒推所需信息类型和分析工作。

譬如，发电企业要参与大用户直接交易，就迫切需要了解市场交易规则、自身成本情况及用户情况等。用户参与市场就迫切需要了解市场价格变化情况。这些企业可以先从迫切需要了解的信息开始收集和分析，然后逐渐理清电力市场信息分析管理工作。

三、成熟阶段思路框架

到了成熟阶段，一是建立完整的数据收集、数据筛查、数据分类、数据存储、数据分析、数据输出的流程体系，明确各部门分工和各环节工作标准。二是由数据来源正推，逐步丰富信息输出类型。

第二节　市场主体信息分析流程

市场主体信息分析工作主要可以分为四大环节：信息收集、信息存储、信息分析、信息利用。此部分和专业的电力市场信息服务商的信息分析流程区别不大，只是不同企业的信息分析流程需要根据自身情况量身定做，有偏有重，量力而行。

一、信息收集

（一）明确信息收集的方向

一般而言，信息收集可根据其具体目的分为以下三类：一是探索性研究，即收集初步数据以揭示问题的性质，并提出一些假设和新思路，如光伏发电市场未来前景怎么样。二是描述性研究，即定量描述，如过去一年某省大用户直接交易平均价格是多少。三是测试因果关系，通常的市场预测和分析都属于此类。例如，如果大型工业的电力消耗以目前的 9% 的速度增长，那么年底的电力销售是否会完成计划，平均价格是多少。

（二）制定信息收集计划

制定信息收集计划有两个要求，一是计划应贴合实际可操作。二是计划科学，流程设计合理。

一般来说，完整的信息收集计划应包括以下内容：

1）信息来源。弄清楚应该使用哪些信息源来获取信息，它们的可靠性如何；它们在信息统计中占据什么位置。

2）抽样方案。由于信息量很大，因此不可能收集和调查所有目标信息源。因此，有必要以一定比例从中抽取大量代表性样品进行研究。

3）收集工具和方法。现代技术的进步为信息收集提供了更丰富的工具，尤其是 Internet 技术的广泛应用，为信息收集开辟了广阔的空间。

（三）市场信息分类

市场信息的内容多种多样，从企业的角度可以分为两类：内部信息和外部信息。

1. 内部信息

所谓内部信息，是指信息的内容主要来自企业内部，即企业人员应当理解和了解的企业信息。企业的内部信息对于执行电力交易非常重要。发电企业需要了解自身的发电能力、成本情况、机组条件以及集团的最新发展战略要求。

用户需要了解公司的能源消耗、用电规则和未来的生产能力。

企业内部信息渠道的畅通直接关系到企业的运行机制和信息敏感性。只有建立顺畅的信息交流平台，才能保证与外部信息的同步，从而有效避免信息滞后和不对称引起的商机延误。

2. 外部信息

与内部信息相比，市场主体很难获得外部信息。这就要求市场主体充分掌握外部信息的来源，阐明其访问渠道，同时具有识别和整理信息的能力，方便查询和维护。

（1）电力用户的需求

一般而言，电力用户作为电力产品的最终购买者和用户，无疑是电力销售公司和发电企业在电力市场信息收集过程中的重要"响应者"。因此，新的营销理论将顾客放在第一位，"从顾客的需求开始，最后是顾客的满意""研究顾客就是研究需求"。为了收集有关电力用户的信息，电力销售公司首先需要确定电力用户的级别和类别。不同级别和类别的电力用户对电力有不同的要求。例如，生产不同产品的用户对电源电压和电源周期有不同的要求；不同收入用户的用电量和期望的电费支付方式不同。

（2）竞争对手的情况

发电企业、售电公司、电力用户都有各自的竞争对手。目前与发电企业竞争的产品是电能的替代产品（煤、石油、天然气等）；竞争的对手是其他发电企业、电力用户的自备电厂等。这些和发电企业竞争的产品的价格、市场销售情况等信息对它们尤为重要。并且，竞争对手的很多市场营销方法也很值得学习和借鉴。还要密切关注竞争对手最近有什么促销活动，消费者的反映又是如何等。除此之外，竞争对手在服务方面与自身相比有什么不同之处或突出之处等，都是发电企业必须掌握的。

对于电力用户而言，其竞争对手主要是同类产品或替代产品的生产商，它们在电力市场交易中拿到了什么价格，是否获取了更低的电价，都是需要了解的内容。

（3）行业环境

包括宏观经济环境、产业政策、市场环境等。

（四）数据采集方式

一是主动获取电力宏观数据和政府政策类信息，来源包括各级政府部门公布数据、其他机构公布信息（如中电联、各发电集团、能建集团、电建集团发布的信息）等。二是收集电力交易信息，注重收集各种电力市场信息披露主体发布的信息，包括发电企业、电网企业、电力交易机构、相关媒体网站等。三是购买相应数据库。四是寻求专业咨询服务。

二、信息存储分析工作

一是建立数据库分类存储。按照不同分类维度将海量数据进行分类处理、分类储存、分类建立数据库以方便查询和维护。

二是数据筛查及基本统计。将收集到的各类数据进行初步加工处理，如筛查正确性、执行累加、平均等基本计算，并将统计数据存入数据库中。这部分工作已可满足大部分的数据需求。

三是模型化分析电力市场运营统计分析工作。不只是对数据进行简单的归类和处理，还需充分利用已有数据建立量化监测、评估模型，实现对市场运营状况、电价走势等进行分析。

三、表达信息的方式

遵照以上原则将有效信息进行分析处理之后，就需要考虑如何将这些成果进行利用并加以传播，这也是信息收集的最终目的。

在传播过程中，可根据不同类型信息的特点，通过以下三种形式进行表达：

1）文字描述法。主要用于综合性的信息，对问题进行总结，提出新的想法、建议等。文字描述法表述较全面，但直观性较差。

2）数据表格法。主要用于数据统计信息的表达，这种形式信息内容往往一目了然，便于决策、分析和利用，但缺乏一定的生动性。

3）图表法。主要用于表达带有较强对比性的信息，很直观，对比性强，但适用面窄。

四、信息分析成果的利用

对分析处理过的信息，用合理的表达方式将其付诸工作实际，在信息利用方面，一般有以下几个方向：

1）服务决策参考。这通常是企业市场研究部门的惯用做法，往往是将信息处理后供管理层决策参考使用，用于制定企业发展战略等。

2）发送给员工。市场信息需要及时传达给员工学习，指导具体工作。

3）根据分析成果制定对策。市场营销管理部门或营销管理人员，根据自己研究或别人转交的市场营销分析成果，制定相应的营销对策。

第三节　不同市场主体信息分析重点

就目前我国电力市场发展的情况来看，发电企业、售电公司、电力用户等市场主体对市场信息分析有较迫切的需求。但是不同的企业对信息类型的需求，以及信息在企业内部的具体作用是不同的，因此信息分析工作的重点也不同。

一、大型发电企业

发电企业是受市场影响较大的企业。市场信息分析工作对其至关重要，决定企业方方面面的发展。

（一）战略选择

在制定企业发展战略时，电力市场信息如市场未来走向、价格情况、供需情况等都是必不可少的。根据其定位目标和风险承受能力，发电企业的发展战略选择范围可以很广，主要包括四个战略选择：扩张、增强、拓展或退出。

扩张业务：新增装机拓展市场，实施电能替代创造新的负荷。

增强业务：通过建立或加强客户关系，以不同的方式思考当前的产品组合、渗透率和利润率，来改进走向市场的模式。

拓展业务：重塑客户对公用事业角色的看法，超越电力供应商，进入相关业务，提高客户价值，如能源服务，提升客户黏性。

退出业务：认识到一些资产或业务可以由更有能力的所有者来管理或运营。

（二）业务部署

1. 统筹煤电厂的存量和增量

我国正处在能源转型的关键期和电力市场建设深水区，尤其是 2060 年碳中和目标的提出，煤电正面临空前的市场变化。发电企业需要了解国内乃至全球的电源类型变化情况，准确地判断未来的能源结构转型，评估电厂价值，统筹煤电厂的存量和增量。

优化存量：随着电力市场建设和新能源的发展，煤电的定位已从提供电力和电量为主的主力型能源，逐渐转化为提供电力为主，电量为辅，参与提供电力系统调节能力，提供系统辅助服务等的保障性电源。为适应这种变化，电力企业要积极关注辅助服务市场和容量市场的动态，掌握最新信息，积极参与电量市场以外的市场，扩展盈利模式。针对辅助服务市场、碳市场以及环保政策等的要求，加强机组的灵活性和环保性，依据市场情况进行火电灵活性改造和 CCS 改造等。

控制增量：大力发展新能源是我国能源转型必然的趋势，火电电厂的新增投资需要谨慎，云南等水电大省已出现部分煤电企业破产的情况。以美国为例，到 2020 年初，在美国东北部的 PJM 地区，有超过 220 亿瓦的新联合循环天然气装置投入使用，正好位于低成本页岩地层之上。在得州电力可靠性委员会（ERCOT）地区，风力推动市场清算价格下跌，而西海岸市场的太阳能批发价格低于每兆瓦时 30 美元。自 2016 年以来，欧洲煤炭发电量下降了一半多，可再生能源则迅速增长，2020 年，欧洲可再生能源发电量首次超过化石燃料。欧洲煤炭发电量的迅速下降，重要原因之一就在于碳排放交易机制（ETS）的实行，自2016年以来，欧盟发电厂排放二氧化碳的价格就逐年增加，从5欧元/吨增加到近40欧元/吨，导致煤电丧失了价格优势，竞争力逐年下降。碳追踪公司的研究估计，欧盟现有的619个燃煤发电站中，有一半仍在亏损。

2. 新能源投资

在"碳达峰、碳中和"的目标下，新能源有较大的发展前景。现货市场试点也进行了新能源参与市场的探索。发电企业需要积极跟踪新能源成本、相配的储能技术发展、新能源参与市场机制和价格、相关政策等信息，选择合适的项目投资新能源。

3. 进入能源服务领域

随着我国能源互联网的建设，大量电力企业进入能源服务领域，积极拓展电力以外的增值产品和服务。欧洲电力企业在开发能源服务方面走得最远，通常是通过对第三方收购的重大投资。例如，2017年ENGIE集团（全球能源公司，总部位于法国）收购了汽车充电公司EV-Box，Enel Green Power收购了美国电力需求响应服务商EnerNoc公司。

（三）内部结构重组

为应对巨大的市场和产业变化，发电企业需要进行内部结构重组。过去几年中，欧洲公用事业公司一直在积极调整业务，并通过重组计划为市场机遇做好准备。自2016年以来，欧洲能源市场的主要国际参与者，德国最大的公用事业公司E.ON和RWE，一直处于战略转型时期。在这期间，E.ON和RWE将传统的发电业务从网络、零售和可再生能源业务部门分离出来。2016年，德国意昂（E.ON）集团拆分成立了两家独立的公司：一家是Uniper公司，专注于传统的大规模发电；另一家是新E.ON公司，专注于可再生能源发电、能源网络和客户解决方案。RWE分离出的子公司Innogy开始负责可再生能源发电、分销网络和电力零售业务。RWE则将业务重点放在了发电上。2018年，德国E.ON和RWE同意对现有的业务进行资源交换，E.ON将把可再生能源发电业务出售给 RWE，而同时，它将接手 RWE 旗下 Innogy 公司的电网和电力零售业务。

（四）参与市场

目前，我国已基本形成以中长期市场为主，现货市场为辅的市场格局，未来还将建设辅助服务市场、容量市场、金融市场等。发电企业要根据自身拥有电源的特点，收集各个市场的信息，制定优化多市场交易策略。发电企业电量市场的收入由电价和电量共同决定。为使自身收益最大，发电企业需在多市场中进行电量分配。中长期合约市场电价波动范围较小，风险较低，利润相对也较低，可以作为风险防范进行分配；现货市场电价波动范围大，风险较高，同时利润也较高；我国现在正开展辅助服务市场试点，对辅助服务进行补偿也会使发电企业有较高利润。发电企业在交易市场中分配不同交易份额，将形成不同交易组合，并产生不同交易利润和风险。发电企业通过分析不同市场特点，并合理运用不同市场优势，确定各交易市场份额的最优分配，制定符合企业本身的交易策略，最终实现利润最大化。从现代投资学的观点来看，将发电企业的电力合约、电量现货和辅助服务作为发电企业产品，以及将发电量作为电力资产，在不同电力市场中进行电量分配就是投资组合问题，建议运用现代投资组合理论对发电企业盈利机制进行研究分析，制定交易组合计划。

（五）具体生产安排

预判交易结果，据此安排各个电厂人员配备和生产。承担基本负荷任务的电厂必须继续全力支持运行，以确保可靠、低成本的电力供应。减少提供辅助服务和备用机组的人员配置。

二、市场化售电主体

"中发 9 号文"下发后，售电市场经历了一段非常繁荣的时期，售电公司持续增长。根据不完全统计，截至 2020 年 8 月底，全国共公示售电公司已超过 4500 家。

拥有发电背景的售电公司是最具竞争力的市场主体，其拥有稳定的低价电源优势，对用户吸引力较大。拥有发电背景的售电公司代理的用户具有用电量大、用电负荷平稳、偏差考核压力小的特点，部分省份拥有发电背景的售电公司户均代理电量是其他类型售电公司的两倍。

对于普通的售电主体而言，其参与市场的策略和发电企业类似，也是要注重多市场购买电力，尽量拉低价格减少风险。但是由于发电企业得天独厚的成本优势，普通售电企业很难凭价格取胜。

因此，售电主体未来电力市场分析的重点在于开展深入了解客户的相关活动，通过提升服务质量，为客户提供增值服务。客户需求分析表见表8.1。

表 8.1　客户需求分析表

用户需求	代表型企业	策略
对价格敏感	电解铝等高耗能及用电量大的工业企业	主要以低价策略为主
对供电可靠性要求高	精密仪器制造企业、金融企业、互联网企业数据中心等	针对可靠性要求，制定合理的价格，代办多回路供电等业务
对服务品质要求高	重视服务便捷性、响应速度、服务体验的企业	采用服务好、价格高策略，为客户制定个性化服务方案，提高客户需求的响应速度，提供更便捷的服务渠道
具有综合能源服务要求	集居住、服务、工业、企业生产等为一体的综合园区	可联合其他企业，为用户提供水、电、气、暖等的综合用能方案
具有节能改造要求	产业升级、生产工艺更新换代的企业，以及纳入碳市场的重点排放企业	主动为客户提供节能方案，结合售电业务为客户提供一站式服务
具有电气设备配套服务需求	具有配套安装电力电子设备、调频稳压设备等需求的工业企业	从事售电业务的同时，为用户提供设备安装、租赁、运维等专业服务
具有绿色购电需求	具有环保绿色示范、打造绿色品牌需求的企业或环保组织	提供绿色清洁电力认购服务，推出绿色电力套餐

目前从售电公司的经营业务范围来看，仍以购售电业务为主，仅少部分开展了用电工程、能效服务（合同能源管理、综合节能、合理用能咨询）等增

值服务。小部分电力工程、节能改造、综合能源服务等领域企业，凭借传统关联业务积累的客户黏性、业务关联性、增值服务能力等优势，经营情况良好。

三、用户

（一）警惕信息不对称

大部分用户对电力交易专业了解甚少，对交易规则理解存在困难，对市场交易存在一定的畏难情绪。对于用电量较大的企业还是需要对市场有一定的了解，如市场价格、市场规则等，避免因为信息不对称蒙受不必要的损失。目前有些售电公司利用用户对市场不了解，夸大偏差考核的严重性，抬高服务费，或和用户签订不符合市场价格的合约，还有隐瞒国家降费政策、拦截国家降价红利等现象。

（二）主动参与市场

1. 需求侧响应

除购电外，用户也有多种方式可以参与市场。近年来，电网供需形势变化和清洁能源快速发展，为我国电力需求响应发展创造了有利条件。国家逐步制定及完善相关支持政策，部分省份已经试点开展了需求响应项目，正稳步推进需求响应建设发展。随着未来市场的逐渐完善，具备条件的可变负荷可以作为需求侧响应资源赚取额外利润。

2. 分布式电源

目前，我国分布式电源的发展也很迅速，具备条件的用户可根据本省政策和市场情况投资小型光伏电站等分布式电源。

第四节　发电企业市场信息管理模块设计

我国的电力行业信息化水平较高，尤其是智能调度方面。对于发电企业而言，基于信息的业务模型可以极大地提高生产效率，节省成本，消除物流、生产中的一些隐患，提高单元和工件的效率并延长其使用寿命。当前，大多数发电公司已经建立了诸如 ERP（企业资源计划）、SIS（统计信息系统）等。随着电力改革的不断推进，发电公司应当迅速适应市场化的销售模式，尽快进行转型，加快以市场为导向的营销能力建设。同时，信息管理系统也需要嵌入市场化信息管理模块。

市场化信息管理模块可以包含如下功能和信息，在电力现货市场启动后，该模块中的数据需要实现实时动态更新，服务实际的市场经营操作。

一、目标市场相关数据

（一）用户

企业目标市场用户组成；参与市场用户情况包括产业类型、产值情况、用电情况等。

（二）竞争对手

竞争对手参与市场的详细情报。

（三）自然情况

目标市场一定时间周期内的气候、温度、来水等情况。

（四）负荷预测

包括年度、月度、实时的负荷预测情况等。

二、市场运行数据

包括交易规则和相关政策；目标市场历史成交价格统计；日均价走势分析、月均价走势分析、年度均价走势分析等。

三、发电机组数据

电力现货市场开展后，需要按照每小时、每半小时甚至每 5min 进行报价，并对自身机组情况动态了解，包括发电能力、实时成本、爬坡能力等。

自身交易信息管理：发电企业每次交易的信息都要存档分析。包括报价次数、报价结果、成交电量、计划出力情况、实际出力情况、交易分析等，其中交易分析又包括：竞争电价统计分析、电价分析、成本对照分析、日发电计划分析、日实际发电分析。

四、评估模拟工具

（一）交易结果评估分析

需要对市场交易过程中的生产情况进行分析和评估，及时发现问题进行纠正。包括生产指标动态分析、经营指标动态分析、成本综合分析、电价综合分析、起停损耗统计等。其中经营指标动态分析包括：利润指标分析、单位项目分析、投入产出比较等。成本综合分析包括：成本构成分析、成本变化预测分析、保本电量与电价、电价倒推成本、单位固定成本分析、成本项目变动趋势等。

（二）辅助模拟工具

自动报价辅助系统：现货市场开展后，实时报价和交易系统具有非常高的计算能力和预测结算能力，自身要有系统和工具进行更准确的实时负荷预测和电价报价预测。

模拟成本校验：给出一个日发电计划，系统根据物资成本，计算出该日发电计划的单位发电成本。

交易模拟系统：可在交易之前事先模拟可能出现的状况，提前做好准备。

第五节　市场主体信息分析能力的提升

电力市场信息纷繁复杂，信息分析工作千头万绪，市场主体若要提升自身的信息分析能力，需要在组织管理、工作机制、技术支撑、人才培养等方面着手。

一、组织管理专业化

在电力市场建设初期，大部分企业电力市场数据采集和数据处理并没有实现自动化和标准化，电力市场信息分析工作仍需要大量人工操作。工作千头万绪，十分繁重，需要建立专门的部门或处室统筹管理，确保数据收集完整、口径统一、数据正确。

（一）制定整体的企业信息管理规划

以专业化的规划为指导，制定企业信息化的顶层设计蓝图。将电力市场信息分析管理模块作为企业整体信息化管理的一部分，打通企业各部门各类别的信息交互渠道，明确信息管理的整体目的和思路。

（二）设立信息分析的专业部门

（1）组织架构

设立信息分析的专业部门，内部设立相应的办公室及各职能处室，相应承担信息采集筛查、信息分类处理、信息分析研究、信息输出等职能。所需分析工作安排专门机构或专人负责，建立业务流程和标准，发布专门的内部规则体系。

（2）与其他部门的关系

数据统计部门的数据输出结果可用于为领导提供决策参考；常规统计信息可用于电力营销、电力采购部门了解掌握；按照政府要求提供适应监管相关信息，由合规部门上报；其他业务部门应向数据统计部门提供相应的数据。数据统计部门组织架构如图 8.1 所示。

二、建立工作机制

建立信息分析的工作机制，全面集中信息管理活动，确保每项活动都受到严格控制。

1）信息采集机制，实现信息定期化、标准化采集。需建立一个相应的系统，安排一个专门的人或建立一个专门的组织从事原始信息的收集。在组织信息管理中，对表现突出的单位和个人给予必要的奖励，对因不负责任而造成信息延误和歪曲，或者出于某种目的捏造或提供虚假数据的，给予必要的处罚。

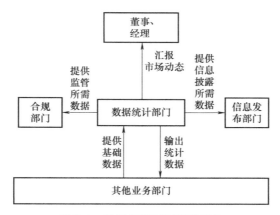

图 8.1　数据统计部门组织架构

2）实现各部门数据库互通机制和分工。实现数据库共享，实时在线维护。必须明确定义上下级之间的垂直信息通道，以及同一级之间的水平信息通道。建立必要的制度，明确各单位和部门向外界提供信息的责任和义务，并在组织内部进行合理的分工，避免重复收集信息。

3）建立信息反馈机制。信息反馈是指及时发现计划和决策实施中的偏差，以及对交易的有效控制和调整。如果对实施中的偏差反应迟钝，在引起大的错误之后才发现，将使工作蒙受损失。因此，组织必须将跟踪、检查、监督和反馈管理置于重要的位置，严格规定监督和反馈制度，定期对各种信息进行深入分析，并建立快速、敏感的信息反馈机制。

三、技术支撑

为处理海量数据，应依托企业原有信息管理系统建立电力市场信息自动化分析模块，实现大部分数据的自动处理分析。系统构建有三种方法：一是从供应商处购买整套应用程序，可以用来一次性解决各类信息管理问题。二是购买"终身"产品，因为业务需求会随着时间而变化。三是自行开发。

实现电力数据自动化不仅仅是部署软件，还要注意软件的可操作性和实用性，要与工作人员的实际需要结合起来。

四、储备专业知识和专业人才

储备业务能力和知识：掌握市场交易的规则、模式；学习了解网架知识，负荷区域、阻塞管理，控制新能源的手段和技术，同时还要进行金融、期货、套期保值、虚拟机组对冲、金融保险等相关的现货衍生品的知识储备。

人才储备：需要储备电力市场、金融、现货交易、调度、结算出清等方面的人才以备在现货交易中有专业人才参与滚动式实时报价。

五、数据安全保障

配置相关的技术力量，加强人员管理，保障统计信息安全，防止信息数据泄露的风险。

六、制订规章制度

形成规章制度，对信息统计流程、各部门职责、信息输出细则、信息安全保障等给出明确的规定，保障信息统计工作有规可循。

第九章

市场主体交易决策

"信息创造价值"，尤其在电力现货市场中。面对纷繁复杂、瞬息万变的市场信息，市场主体如何能够抽丝剥茧，挖掘市场信息背后的价值，以提升交易决策的科学性，是广大市场主体关心的问题。为此，本章针对这一主题，将介绍市场主体的交易决策准则，阐述信息在市场主体交易决策中的价值，提出市场主体交易决策架构，探究市场主体交易决策质量的提升。

第一节　交易决策中的信息价值

市场主体交易决策的制定依赖于市场信息的披露。市场主体交易决策需要注意的信息可分为市场制度信息、市场主体信息、市场历史信息、外生变量信息四类。其中市场制度信息包括但不限于政策法规、市场结构、市场规则；市场主体信息即市场其他成员信息披露；市场历史信息即历史市场出清结果；外生变量信息包括历史、实时与预测天气、突发事件、燃料价格等信息。本节将分别阐述以上四类信息在市场主体交易决策中的价值。

一、市场制度信息的价值

市场制度信息是市场主体交易决策时最为重要的信息，市场制度信息可分为电力市场法律法规、电力市场结构、电力市场规则等。首先，市场主体在参与电力市场前需要了解国家关于电力市场的相关法律法规，例如自身是否满足电力市场准入标准。其次，市场主体需要了解所在地区电力市场结构，目前国际上电力市场结构大致可分为电力库、双边交易市场、混合市场三类，市场主体需要根据参与电力市场的结构确定市场交易类型，是申报量价信息参与电力市场统一出清还是与售电商或大用户签订双边协议。最后，市场主体需要详细了解参加电力市场各品种交易的具体规则：在申报环节，市场主体需要注意参与市场是引入需求侧竞价的双边市场还是仅发电侧参与的单边市场，申报信息仅申报电能量信息还是需要同时申报包括爬坡、起停等具体技术细节，市场规则是否允许市场主体改变申报信息；在出清环节，市场主体需要了解市场出清环节是按申报时间先后顺序出清还是申报截止后统一出清；在结算环节，市场主体需要了解市场结算是依据边际市场出清价格结算还是采用 PAB（Pay-as-Bid）模式结算。此外，由于新能源出力的随机性和不确定性，新能源发电商尤其需要注意关于参与市场出力偏差的惩罚措施。

以上各种市场信息都是市场主体参与市场、开展市场决策的基础。

二、市场主体信息的价值

经典的微观经济学指出，在完全竞争市场中，市场主体实际上是价格接受者，其市场行为将不会对市场整体产生影响，此时市场主体的最优报价策略即按照自身成本曲线报价。由于参与者数量有限、长建设周期、大投资额度、传输约束和传输损耗等特性，电力市场实际上是一个不完全竞争的寡头市场。

在寡头市场中，其他市场主体（竞争对手或合作伙伴）的相关信息如竞价策略等就变得尤为重要，正所谓"知己知彼，百战百胜"。国内外大量文献研究了多市场主体视角下市场主体的最优竞价策略，提出了基于博弈论或智能体的多种数学模型与方法。

三、市场历史信息的价值

市场历史信息主要指以往市场出清、结算结果。首先，市场主体可以根据披露的市场历史信息及自身申报信息复核市场出清环节是否公平、公正，防止出现串谋行为；其次，市场主体可以根据以往市场历史信息预测未来市场出清结果，如利用多种模型预测节点电价辅助市场主体报价，目前国内外有大量基于时间序列、神经网络的模型进行节点电价预测；最后，根据历史信息市场主体可开展增值业务。

四、外生变量信息的价值

外生变量信息包括天气、突发事件、燃料价格等影响电力系统负荷及发电商运行成本的诸多因素。不同能源类型的发电商对不同外生变量需要有针对性地关注，例如火电发电商需要关注煤炭市场价格，根据煤炭期货对何时购入燃煤做出准确的判断；而新能源发电商则需要重点关注历史、实时与未来天气情况，并建立基于天气的新能源功率预测系统，进一步降低自身出力预测的不稳定性，以及面对可预见的出力偏差及时在平衡市场购入补偿电量从而避免大额的罚金。

第二节　交易决策中的信息预测

由于四类市场信息在市场主体制定交易决策中起着重要作用，市场的竞争也就转变为信息的竞争。如何深入挖掘市场信息，如何在"信息战"中胜出，成为每个市场主体不得不思考的问题。一个经典有效的战术是信息预测。预测指的是对事物未来的发展趋势做出估计与评价。信息预测则是预先估计未来的、尚未发生的市场信息。在当今信息化社会中，信息是瞬息万变的。拥有更多未来的市场信息，不仅意味着市场主体在交易决策时拥有更多的参考依据，还意味着市场主体拥有了抢占先机的机会。因此，如何精准、快速地进行信息预测，是交易决策的重要前提。

在众多的市场信息中，电价是最为基础、同时也最为重要的市场信息。电价的基础性在于其是市场主体制定乃至实施交易策略的首要依据。不同于可能具有隐私性的报价信息、交易信息等，电价信息由市场组织机构平等、公开、透明地披露给所有参与交易的市场主体。电价的重要性在于其微小的波动，可能会带来不同市场主体交易策略的重大变化，甚至会引发市场交易秩序的混乱。正由于电价的基础性与重要性，市场主体在制定交易策略时，往往首先会结合历史电价与实时电价，尽可能精准地预测未来的市场价格信息，以求"先人一步"，抓住电价信息中蕴藏的巨大价值。

电力交易主要包含中长期交易与现货交易两类。中长期交易所涉及的交易周期包括多年、年、季、月、周等日以上多种类型，而现货交易所涉及的交易周期仅限于日前、实时。因此，电价也相应地分为年度中长期电价、月度中长期电价、日前现货电价、实时现货电价等多种。

一、中长期电价预测

由于中长期电力交易跨越了年、季、月、周等多个时间尺度，国内外在中长期电价预测方面开展的研究十分丰富。传统的预测方法大多基于统计学与回归方法。近年来伴随着人工智能技术的热潮，越来越多的研究将电价预测与机器学习、神经网络等前沿技术相结合。这里简要介绍一种基于非线性回归与支持向量机（Support Vector Machine，SVM）的月度中长期电价预测方法。值得注意的是，传统月度中长期电价预测往往预测月平均价格（Monthly Average Price），即将每个月视作一个时间点，预测该月的平均中长期成交电价。本方法考虑到月平均价格与负荷月分布的强相关性，预测的是月前日平均价格（Month-ahead Average Daily Price），即在月度预测中以每日作为一个单独时间点，通过提升预测的颗粒度来提升预测的精度。

预测中，将月前日平均电价按照非峰时电价、非峰月度峰时电价及峰月度峰时电价分为三类。前两类电价在月的时间尺度下，可以统一视为非峰时电价，故采用内嵌偏差补偿的非线性回归模型进行预测，而第三类峰月度的峰时电价则采用 SVM 进行预测。

对于非峰时电价，预测中采用的非线性回归模型为发电成本乘以供求系数。发电成本为燃料价格、平均工资、贷款利率、核心价格消费指数等指标的线性组合。供求系数则是反映供求紧张程度与电价关系的系数。当供求相对均衡时，供求系数在 1 附近；当供求发生急剧不平衡时，例如供不应求，此时供求系数将会大于 1，说明此时电价将要相对上升。因此，供求系数可以用一个指数函数进行建模。

对于峰时电价，由于其在电价曲线上往往属于尖峰，具有较大的不确定性。价格与供求系数间的非线性关系十分复杂，因此不适合与非峰时电价采用相同的方法。预测中采用 SVM 作为工具，将供求系数、天然气价格、月度与时段作为特征输入 SVM，从而进行峰时电价的预测。当非峰时电价与峰时电价均预测完成后，组合在一起即可得到完整的月度中长期电价曲线。混合非线性回归和 SVM 模型的月度电价预测框架如图 9.1 所示。

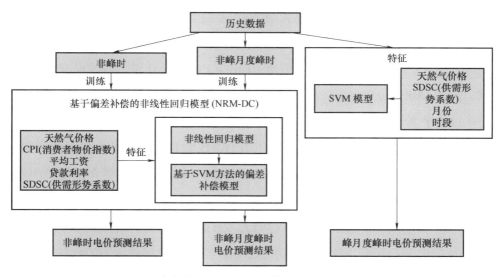

图 9.1　混合非线性回归和 SVM 模型的月度电价预测框架

二、现货电价预测

电价形成机制主要包括计划电价、市场电价、双轨制电价三大类。我国过去普遍采用的目录电价机制属于计划电价机制的一种，电价由政府管制，保证社会用电秩序的平稳运行。而目前，世界上各成熟电力市场（尤以美国、欧盟、澳大利亚等为代表）普遍采用市场电价机制，将电价的形成完全交由市场决定，由市场供求关系决定电能价格。双轨制电价机制则是计划与市场并存的电价机制，是电力体制改革过程中电价机制由计划向市场转变的过渡产物。在现货市场电价机制中，目前采用最普遍的为节点电价（Locational Marginal Price，LMP）机制。LMP 在实际电力现货市场中发挥着重要的作用。它能够很好地捕捉电力现货市场中的边际成本，为市场成员提供价格引导信息。同时，由于受空间位置的影响，LMP 能够反映不同地区电力资源的稀缺程度，可以为资源的合理配置提供经济信号。在不考虑网损的情况下，LMP 的构成如下式所示

$$LMP = \lambda + s\mu$$

式中，LMP 为节点电价，单位为元/MWh；λ 为节点电价的能量分量，单位为元/MWh；μ 为节点电价的阻塞分量，单位为元/MWh；$s \in \{0, 1\}$ 表示系统的阻塞情况；$s = 1$ 表示系统发生阻塞，$LMP = \lambda + \mu$；$s = 0$ 表示系统没有发生阻塞，此时 $LMP = \lambda$。

LMP 直接影响市场主体的结算，从而影响市场主体的切身利益。近年来，结合人工智能等前沿技术，国内外关于电力市场中 LMP 的预测有较多的研究，如采用图卷积、注意力时空图卷积等方法预测 LMP。以下简要介绍基于图卷积的 LMP 预测方法。

当从市场主体角度出发时，以往绝大多数的研究都是针对系统中单独一个节点的 LMP 进行预测。这样的做法仅仅考虑了 LMP 时间维度上的特征，而完全忽略了 LMP 空间维度上的特征。因此，如何从系统的层面出发，考虑系统各个节点之间的相互影响，还原 LMP 在空间维度上的信息，同时预测系统各个节点的 LMP 具有非常重要的意义。将图卷积应用到 LMP 预测问题中，可以很好地弥补传统神经网络无法准确还原 LMP 空间维度信息这一缺陷。基于图卷积的 LMP 预测方法流程图如图 9.2 所示。

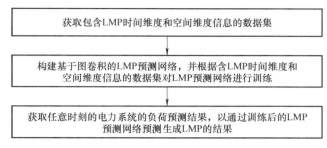

图 9.2 基于图卷积的 LMP 预测方法流程图

（1）获取数据集

在进行预测前，首先需要获取数据集。为了同时考虑 LMP 在时间维度与空间维度上具有的特征，数据集中应当同时包含 LMP 时间维度与空间维度的信息。具体包括以下几个方面：

1）系统的网络拓扑结构，即将电力系统建模成图之后图的拓扑结构；其中图的节点表示系统的节点，图的边表示系统两个节点之间存在输电线连接。

2）系统各个节点的负荷，即一段时间内各时刻系统各个节点的负荷，单位为 MW。

3）系统各个节点的 LMP，即一段时间内各时刻系统各个节点的 LMP，单位为元/MWh。

4）系统的阻塞情况，即一段时间内各时刻系统的阻塞情况，包括整体系统是否存在阻塞，以及系统各边是否阻塞，使用 0（无阻塞），1（有阻塞）变量表示。

（2）网络构建与训练

基于图卷积的 LMP 预测网络结构如图 9.3 所示。网络的输入是某个时刻系统所有节点的负荷以及系统的拓扑，输出是该时刻系统所有节点的 LMP。该网络有三个分支，分别预测 LMP 的能量分量 λ、阻塞分量 μ 和系统的阻塞情况 s。其中前两个网络分支用于数据拟合，最后一个网络分支用于分类。每一个分支都采用了图卷积操作。此外，三个网络分支的主体结构基本相似，都使用了多层图卷积层，其中最后一层为全连接层。假设电力系统的节点数为 N，那么图卷积神经网络的原始输入是 N 维的向量，预测能量分量的网络分支输出结果 $\lambda \in \boldsymbol{R}$，预测阻塞分量的网络分支输出结果 $\mu \in \boldsymbol{R}^N$，预测系统阻塞情况的网络分支输出结果 $s \in \boldsymbol{R}$。

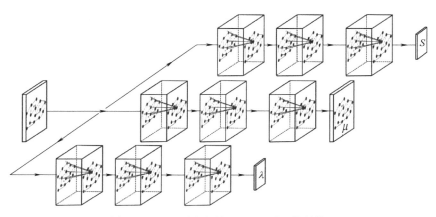

图 9.3 　基于图卷积的 LMP 预测网络结构

三个网络分支可以采用不同的损失函数形式。对于预测能量分量与阻塞分量的网络分支，可以采用预测值与实际值差的 1-范数与 2-范数之和作为损失函数值；对于预测系统阻塞情况的网络分支，可以使用交叉熵计算损失函数的值。最后，整个网络的损失函数为三个网络分支损失函数的加权和。需要注意的是，实际使用中，网络结构与损失函数形式都不是固定的，可以根据实际情况灵活采用不同形式的网络结构与损失函数形式。

基于设计好的网络模型和损失函数，可以使用步骤（1）中包含 LMP 时间维度和空间维度信息的数据集训练网络；通过反向传播算法更新网络参数，神经网络最后能够收敛，即可以得到用于 LMP 预测的图卷积神经网络模型。

（3）电价预测

通过步骤（2）得到训练完毕的图卷积神经网络模型后，即可进行 LMP 的预测。获取任意时刻的电力系统的负荷预测结果后，将其与电力系统的网络拓扑信息一同输入 LMP 预测模型，可以得到未来任意时刻系统各个节点的 LMP

和系统的阻塞情况；根据各个节点的 LMP 和系统的阻塞情况，则可以直接计算得到 LMP 的预测结果。

至此，基于图卷积的 LMP 预测方法介绍完毕。可以看到，该方法正是通过充分挖掘电价信息背后蕴藏的时空信息，如系统拓扑信息、时空负荷信息等，结合神经网络技术对 LMP 进行的预测。相比传统的通过历史市场信息单点预测某个节点的 LMP 的方法，该方法能够同时预测系统所有节点的 LMP，弥补了传统神经网络无法准确还原 LMP 空间维度信息这一个缺陷，从而提高了 LMP 预测的精度。"信息创造价值"，对信息更为精准地把握，能够实现更为精准的 LMP 预测，从而帮助市场参与者制定合理的竞价策略，降低交易风险，增加稳定收入。

第三节　不同市场主体与交易决策

挖掘市场信息价值的最终目的，在于辅助市场主体完成交易策略的制定。对电力市场中的不同市场主体而言，其所具有的市场信息不同，所处的市场地位不同，所参与的交易方式不同，都会造成其交易决策方式的不同。电力市场中最主要的市场主体，包括发电企业、电网企业、售电公司及电力用户。需要注意的是，小型电力用户一般不具有选择权，往往通过当地微网代理商或售电商代理进行电力交易；大型电力用户，即可以通过售电商进行电力交易，也可以作为负荷服务商（Load Serving Entity，LSE）直接参与电力市场交易，具有单独交易决策的能力。

一、负荷服务商的交易决策

负荷服务商（LSE）在电力市场中属于用户侧/需求侧。大多数情况下，LSE 的电力交易仅限于购电，即 LSE 通过在中长期市场中与发电企业进行双边交易签订中长期购售电合同，从而直接获取电能。随着国内外研究的逐渐增多，需求侧响应作为一种资源越来越受到电力市场的重视。除完成购电等电力交易行为外，LSE 还可以作为需求侧响应资源参与市场。

需求侧响应资源参与市场，同样需要制定交易策略。譬如，让多少负荷参与到需求响应（Demand Response，DR）中，以怎样的价格让负荷参与 DR，能够在保障自身用电需求的情况下，最大化总体收益，这对于 LSE 而言是需要决策的问题。

下面介绍需求侧资源参与负荷移峰市场的交易策略。在移峰市场中，最后一个中标用户申报的移峰报价，将被作为系统边际移峰价格，所有中标用户以这一价格得到补偿；未中标用户按照其用电量，分摊中标用户的补偿费用。中标用户是指实际参与移峰的用户；未中标用户是指未参与移峰的用户。例如，假设未中标用户 h 的用电量为 D_h，未中标用户的用电量之和为 D，所有中标用户的补偿费用之和为 C，则用户 h 需要分摊的补偿费用为

$$C_h = C \cdot \frac{D_h}{D}$$

下面分情况讨论用户的交易策略。

假设用户 h 的真实移峰成本是 F_h，报价是 μ_h。为了方便分析，假设其他用户的报价不变，系统边际移峰价格仅与用户 h 的报价有关，不妨用 y 表示出清移峰价格，用 π 表示当用户 h 按真实移峰成本报价时的出清价格（假设出清价格是所有用户报价中第 s 高的报价），那么 π_{+1}、π_{-1} 分别表示用户 h 按真实移峰成本报价时第 $s+1$ 高的报价和第 $s-1$ 高的报价。

分情况讨论如下：

（1）当 $\pi > F_h$ 时

用户报价 μ_h 等于真实成本 F_h 时，用户将中标，其收益 $\pi - F_h$ 为正。

用户报价 μ_h 高于真实成本 F_h 时，又分为两种情况。当 $\mu_h < \pi$ 时，用户仍将中标，但其收益仍然为 $\pi - F_h$，与按照真实成本报价时相比，收益并未增加；当 $\mu_h > \pi$ 时，用户不能中标，将按照其用电量分摊中标用户的补偿费用。可见，用户报价高于真实成本不仅无法增加用户的收益，还可能让用户面临不中标，收益由正的 $\pi - F_h$ 变为负的风险。

用户报价 μ_h 低于真实成本 F_h，则用户仍将中标，其收益为 $\pi-F_h$，与按照真实成本报价时相比，收益并未增加。但是如果其他用户的申报也低于真实成本，将压低系统边际移峰价格，从而该用户收益将减少。

因此，当 $\pi>F_h$ 时，用户按照真实移峰成本报价是最优策略。

（2）当 $\pi<F_h$ 时

用户报价 μ_h 等于真实成本 F_h 时，用户不能中标，其收益为 $-C \cdot \dfrac{D_h}{D}$。

用户报价 μ_h 高于真实成本 F_h 时，用户也不能中标，其收益为 $-C \cdot \dfrac{D_h}{D}$。但是如果该用户申报高的价格，则给其他用户提升了涨价的空间，可能抬高边际移峰价格，这样就使该用户面临支付更多移峰费用的风险。

用户报价 μ_h 低于真实成本 F_h 时，又分为两种情况。当 $\mu_h>\pi$ 时，用户仍不能中标，其收益为 $-C \cdot \dfrac{D_h}{D}$；当 $\mu_h<\pi$ 时，用户将中标，按照新的系统边际移峰价格获得补偿：当 $\mu_h>\pi_{-1}$ 时，系统边际移峰价格为 μ_h，其收益为 μ_h-F_h；当 $\mu_h<\pi_{-1}$ 时，系统边际移峰价格为 π_{-1}，其收益为 $\pi_{-1}-F_h$。

因此，当 $\pi<F_h$ 时，用户申报高于真实成本的价格会增加用户的风险，申报真实成本甚至申报低于真实成本的价格是更好的策略。

（3）当 $\pi=F_h$ 时

用户报价 μ_h 等于真实成本 F_h 时，用户将中标，其收益为 0。

用户报价 μ_h 高于真实成本 F_h 时，用户不能中标，其收益为 $-C \cdot \dfrac{D_h}{D}$，但是如果该用户申报高的价格，则给其他用户提升了涨价的空间，可能抬高边际移峰价格，这样就使该用户面临支付更多移峰费用的风险。

用户报价 μ_h 低于真实成本 F_h 时，用户将中标，并按照新的系统边际移峰价格获得补偿：当 $\mu_h>\pi_{-1}$ 时，系统边际移峰价格为 μ_h，其收益为 μ_h-F_h；当 $\mu_h<\pi_{-1}$ 时，系统边际移峰价格为 π_{-1}，其收益为 $\pi_{-1}-F_h$。

因此，当 $\pi = F_h$ 时，用户申报高于真实成本的价格会增加用户的风险，申报低于真实成本的价格将减少用户收益，用户按照真实移峰成本报价是最优策略。

（4）小结

由以上分析可知，不论其他用户如何报价，在上述三种情况下，用户的最佳报价策略是按照真实移峰成本报价或低于真实成本报价。由于该机制是基于密封报价的，用户报价前无法预知其将处于上述哪一种情况，所以按照真实移峰成本或者低于真实成本报价是用户的最优策略。

传统 LSE 日前报价曲线的生成过程如下。首先，用户在日前市场中作为价格接受者，分析各个时段日前市场可能的价格场景。随后通过场景削减，将这些价格场景综合、抽象成为有限个的典型价格场景。在此基础上，用户进一步考虑系统运行约束，并对每个时段单独进行竞价，得到交易量。最后，将代表不同价格与不同交易量组成的点依次连接成曲线，就得到了每个时段下的报价曲线。

在这个过程中，考虑系统运行约束的竞价模型求解将会耗费大量的运算资源。此处介绍一种将该竞价模型进行全环节解耦，并能够考虑更多价格场景与更精细化的报价曲线的方法。该方法与传统报价曲线生成方法的对比如图 9.4 所示。

对比可以看出，所提出的模型分解法将原方法中的复合竞价模型进行了分解重组，将系统运行模型与单时段投标模型分别置于流程的最初与最末。对最初的每个电价场景，首先在系统运行模型的相关约束下，最大化该场景下的社会福利，得到包含运行特征的电价场景。随后，保持场景解耦并增强场景，生成每个时段的价格响应区间。价格响应区间与报价曲线类似，反映了负荷成交量与电价之间的关系。基于价格响应区间进行时序解耦，并采用分时段场景削减技术后，所有场景彼此相对独立，可以采用并行计算等技术，对每个时段分别建立精细化求解竞价模型，最终获得用户各时段报价曲线。相比传统方法，该方法能够考虑更为精细的价格场景与报价曲线。

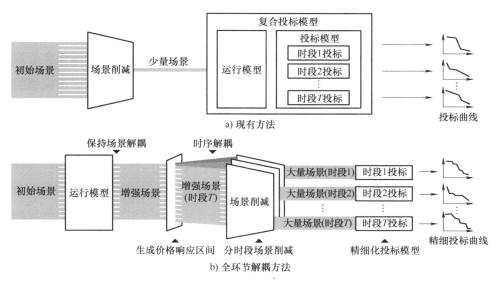

图 9.4　考虑精细化报价曲线与价格场景的竞价模型全环节解耦方法流程图

二、售电公司/微网代理商的交易决策

与发电企业、负荷服务商不同，售电公司在电力市场中的交易并不仅仅为自己服务。作为小用户的代理者，单个售电公司可能会代理几百乃至几千个小用户，在市场中进行交易。如何处理不同用户用电模式、用电偏好间的差异性，如何在满足用户用电需求的情况下，最大化自身售电收益，是售电公司需要考虑的问题。未来智能电网中，随着海量分布式能源并网，传统集中竞价的市场模式将难以适应海量分布式能源交易。原因在于，其一，市场运营机构收集海量分布式能源报价，将产生巨大的交易成本；其二，用户在使用分布式能源时，缺乏每天主动报价的动力和意愿。由此出现了微网代理商的概念。微网代理商实质上仍是一种售电公司。在分布式能源交易的背景下，售电公司所辖区域内部除了负荷外，存在具有能源供应功能的大量分布式电源。

作为分布式能源交易背景下的新兴市场主体，微网代理商与售电公司一样，需要在市场中进行交易决策，以最大化自身收益。这里以微网代理商为例，介绍一种微网参与联合能源、调频、备用市场的竞价策略。

作为可控的市场主体，微网可以通过多种分布式电源间的协调控制，为系统提供电能乃至辅助服务。微网参与联合能源、调频、备用市场的最优竞价策略，通过求解一个考虑可再生能源不确定性与电价的优化模型得到。该模型的目标函数为最大化总收益，总收益由某种策略下能量市场、调频市场、备用市场的收益减去运行成本而得到。约束条件包括可再生能源电源（包括风电、光伏）、微型燃气轮机、储能系统的运行约束以及微网总体的平衡约束。可再生能源的不确定性采用鲁棒优化的方法，取总收益在各种可再生能源场景下的最小值最大化为目标；电价的不确定性采用场景法，通过对海量历史电价数据进行抽象得到一系列典型电价场景，从而进行建模。采用鲁棒优化的求解方法可最终将优化模型转变为一个混合整数非线性规划模型，求解即可得到最优的竞价策略。需要注意的是，该种方法得到的竞价策略的最优性是以鲁棒性为前提的，即事先市场主体对其他市场主体的交易决策完全未知，是考虑了最坏情况下的最优解。若市场主体对其他主体的信息存在部分可知性，则可以通过博弈的方法获取更大的利润。

第四节　金融衍生品交易决策

在电力市场中，除了电能量与辅助服务外，还有一类商品可供市场主体进行交易，即电力金融衍生品。最早的电力金融衍生品为 1995 年由北欧电力交易所成交的世界上第一份电力期货。自此，电力金融市场便在世界主要发达国家的电力市场体制中逐步建立，金融衍生品种类也从期货扩展到期权、差价合约、金融输电权、虚拟投标等。

一、电力金融衍生品的功能

电力金融衍生品的最大功能在于管理中长期市场、现货市场带来的风险。与电能量、辅助服务等交易品种以买方实际获取电能量、接受辅助服务为最终目的不同，金融衍生品的交易双方，以通过金融衍生品交易、对冲乃至规避其他商品交易的不确定性所带来的风险为最终目的。譬如，电力期货能够对冲电力现货由于电价随时间波动而带来的风险，金融输电权能够对冲由于发生超出预期的系统阻塞而带来的风险，虚拟投标能够对冲日前市场与实时市场内电价的剧烈波动而带来的风险等。因此，构建电力金融市场是电力市场发展的必然趋势；对电力金融衍生品的交易决策是市场主体不可规避的一个重要环节。

二、虚拟投标

电力商品的各种风险造就了一系列复杂多样的电力金融衍生品。如何搭配电力现货商品与电力金融衍生品以最小化交易风险、最大化市场主体收益，则成为市场主体孜孜以求的一个重要问题。由于电力金融衍生品的虚拟性与多样性，市场主体甚至可以搭配多种不同的电力金融衍生品，达到获取利润的目的。譬如，存在一种虚拟投标与金融输电权相结合，从电力金融市场中套利的交易决策方法。

虚拟投标作为一种电力金融衍生品，具有其特殊性：其在电力金融市场内交易的同时，还能够对电力现货市场产生影响，如使特定日前电力市场线路产生阻塞。利用这种影响，市场成员可以虚拟投标的方式，人为地造成日前电力市场 LMP 的改变，以期在电力金融衍生品市场中获取巨额利润，如金融输电权市场。因此，若市场主体提前拥有系统某条线路的金融输电权，即有可能通过虚拟投标的方式，蓄意地造成该条线路两端节点价差的扩大，从而获取巨额利润。

此交易决策方法的关键在于精准、快速地计算日前电力市场中节点上虚拟投标量与造成的日前电力市场 LMP 价差间的关系，从而在最小化虚拟投标成本的基础上，最大化金融输电权市场中的收益。实际上，采用基于参数规划的方法就可以求解出虚拟投标量与 LMP 价差间的关系曲线。在日前电力市场所采用的安全约束机组组合（Security-Constrained Unit Commitment，SCUC）模型中，将节点的虚拟投标量视作一个参数，设定初值后进行求解；求解后，列出该最优解对应的单纯形表，并在表中计算该最优解不变的情况下，参数（虚拟投标量）所允许的变化范围。随后每一次迭代，对参数取尚未知最优解的范围内的任一值，并求解 SCUC 模型即可。重复数次，即可以得到在所有可行范围内，虚拟投标量与最优解（包括系统各 LMP）间的关系，而基于系统 LMP 即可以直接计算任一线路两端节点间的 LMP 价差。

由此可见，不同电力金融衍生品品种的科学搭配，能够极大程度地规避电力现货市场中带来的风险甚至从中获利。需要注意的是，本节所述的组合套利方法可能人为地造成电力现货市场价格的剧烈波动。国外曾有企业采用组合套利手段从电力金融市场中牟取了巨额利润，从而被市场组织机构执行了处罚。未来我国电力市场建设中，也需要注意此类组合套利行为可能带来的不良影响并加以防范。

第五节　市场主体交易决策架构

本节主要介绍市场主体交易决策架构，包括风险偏好的设定、交易目标的选择以及交易辅助决策系统。

一、交易决策的前期筹备

（一）风险偏好的设定

市场决策不可避免地存在风险。市场主体在交易决策前，首先需要设定自身的风险偏好，是属于风险厌恶型，还是风险喜好型。不同的风险偏好将带来完全不同的市场交易策略以及市场交易结果。

（二）交易目标的选择

市场主体应在交易前确定交易目标，即给自身设定一个期望值。对于新能源主体，其交易目标可能是尽可能上网，多发电。对于火电厂，其交易目标可能是按照系统电价等于其边际成本的运行点发电。当风电大发，需要部分火电机组关机以消纳新能源时，部分火电机组可能报出负价，以避免关机。不同的交易目标选择，将使得市场主体产生不同的报价策略。

（三）交易辅助决策系统

在信息化时代，市场主体的交易策略制定不可能纯靠手工完成，必须依赖强大的计算机资源。在电力市场交易决策中，市场主体通常需要构建一套交易辅助决策系统，这套系统的功能是帮助决策者分析竞争形势，开展市场的竞争模拟，给出交易策略的建议，供决策者参考。

二、不同市场主体的市场信息可获取性

不同电力市场信息已在第四章中得到详细定义与区分，市场主体在进行交易决策时除考虑以上三项内容外，最重要的是首先确定自身可获得的市场信息范围，并依据可获得的信息做出相对更优的交易决策。不同市场成员由于其市场地位不同，其市场信息的可获取性也不尽相同。譬如，电力交易机构作为市场成员交易的平台，其可获得充分的市场成员报价信息，而其不掌握市场成员的真实运营成本；电网企业作为输电资源的主要运行者、维护者，其对电力系统的拓扑结构具有完全的认知，而其他市场主体则对全网拓扑结构只有较为模糊的认知。首先，不同市场主体应确保自身充分掌握天气信息等完全公开信息，并对其进行充分挖掘；其次，不同的市场主体应确定自身在法律许可范围内可获得的市场信息，并对其进行充分挖掘；对于由于自身市场地位限制不能获得或仅能部分接触的市场信息，市场主体应考虑转变决策方式，避免该部分信息缺失导致的交易决策偏差。譬如，市场主体由于不能掌握详细的全网拓扑结构，无法通过构建完整的 LMP 模型对日前或现货市场 LMP 进行预测，多采取神经网络等"黑箱"方法进行 LMP 预测；而市场组织管理机构由于信息壁垒的原因很难掌握市场主体的真实运营成本，此时对于市场组织管理机构而言，最优的方法并非进一步加大调查、监管力度，而是应当采用激励相容的制度设计方式，绕过信息盲区。市场主体在进行交易决策时，应注意市场信息的获取绝非越多越好，以至于获取市场信息的成本远高于市场信息带来的收益，与其获得更多无用或无法辨识真实度的市场信息，不如对已有市场信息进行充

分挖掘。

三、交易辅助决策系统的构建

目前市场上已有相关公司开发电力市场企业交易辅助决策系统，收集市场信息并据此辅助企业进行市场交易决策。例如国电电力宁夏新能源开发有限公司应用的"发电企业市场交易辅助决策系统"，提出了"度电成本、度电价格"测算理念，支持发电企业对未交易电量价格进行持续滚动计算、对动态利润进行测算，通过智能电价对比分析，优选量价组合方案，为参与市场交易的发电企业提供辅助分析和决策支持，提高市场报价的快速反应能力，从而获取更多的市场份额和更好的盈利水平。目前，国内已有企业研究开发"发电企业数字化生产运行优化系统""发电企业现货市场交易辅助决策系统"和"发电集团营销管控与交易决策平台"等，将深度学习等智能算法框架与电力市场优化算法融合，基于市场信息，实现对未来多时间周期市场价格的预测，并结合发电企业自身生产业务情况及合同签订情况，为市场交易提供各种服务，提供辅助报价方案，优化生产运行过程，提高科学决策的水平。

第十章

电力现货市场信息战略

电力现货市场建设不断推进，广大上下游企业及各市场主体都应当拥有覆盖自身各个层面的电力现货市场信息战略，助力"碳达峰、碳中和"目标的实现。当务之急是提升塑造电力现货市场信息战略的关键能力。每个企业应当搜集自身真正需要并具有重要价值的信息，充分利用这些电力市场信息，采取适合自身的方式，尽可能地深度挖掘，将其转化为具有价值的洞见；培养与自身交易运营决策匹配的技能，提升在电力现货市场中快速的分析能力和决策能力，持续维持竞争优势；专注于实现企业经营目标所需要的信息，利用电力市场信息让企业交易运营更加顺畅、更加高效。每个企业建立以此作为基础的决策文化，就能在电力市场竞争中占得先机。同时，随着电力市场信息正在成为每个企业的核心资产，对其应当进行审慎管理。

第一节　塑造电力现货市场信息战略的关键能力

本节重点阐述在电力现货市场中广大上下游企业及各市场主体塑造信息战略的关键能力。一是从技术及设施方面，明确获取电力市场信息并能够辅助交易决策的软件或硬件；二是论述了电力市场信息中结构化、非结构化、半结构化数据的特点及处理方式，指出了具备分析能力的重要性与迫切性；三是如何解读和应用电力市场信息，并据此做出更为合理的交易决策。

一、技术能力

对于技术能力而言，就是要确定获取电力市场信息并转化为洞见的软件和硬件。各个企业应当着手建立电力现货市场综合集成信息系统。如果无法从电力市场信息中掌握某些信息并据此在电力现货市场中实现企业发展，那么，企业即使掌握再多的电力市场信息也是毫无意义的。在电力现货市场交易运营过程中，若要最大限度地利用数据，企业则需要获得某些工具或服务来实现这一目标。大多数企业都拥有某些现成的数据基础架构和技术，以 SQL 编程技术、关系型数据库和数据仓库等形式存在。虽然这些工具很有效，但是新技术的发展表明，大多数企业不得不重新思考它们的数据基础架构。

在很大程度上，企业对基础设施的要求取决于在电力现货市场中打算如何使用电力市场信息、想使用哪些电力市场信息以及如何查询这些电力市场信息。在这些方面，每个企业的要求都是特殊的，并不存在放之四海而皆准的方法。每个企业需要逐个讨论每个层面，了解在这些层面的现有能力，并根据需要建立自身的需求清单。

无论是希望对电力现货市场和发展趋势有更多的了解，并根据这些信息制定自身的交易策略，还是希望使用电力市场信息改善运营，着眼于构建电力现货市场的盈利模式，投资构建电力市场信息基础设施，并独立获得数据往往是更为合理的策略。同时，这又意味着还需要用来存储和分析这些数据的技术。只要这些电力市场信息成为日常运营和流程中的一个重要组成部分，就有必要维护这些电力市场信息的所有权和控制权，而不是依赖于外部供应商。

数据源是众多电力市场信息进入各类企业的入口，无论是内部数据还是外部数据，是结构化还是非结构化，都不例外。这些信息可以包括交易记录、客户数据库、社交媒体渠道、市场营销列表、电子邮件以及通过业务监控或测量搜集到的任何数据。或许企业已经拥有了实现战略目标所需的电力市场信息，但更有可能的是，还需进一步获取需要的数据，而获取新信息就会导致对新基础设施的投资需求。目前，已经拥有了比以往更复杂的数据采集工具，尤其是物联网。

当然，如果企业仅选择访问外部数据源，那么，或许就不必对现有的基础架构做出更改。如果寻求在电力现货市场交易运营方面有所改进或者依靠电力市场信息盈利，实现对业务的持续洞察与优化，那么拥有自身的系统显然是有意义的，这样能够强化电力市场信息赋能交易运营的技术支撑。

打造电力市场信息基础设施是一项复杂的任务，它需要综合考虑诸多变量。对于电力市场信息的任何方面，只要还不清楚应从何起步或是哪个方案最有可能满足需求，那么应当找一家在电力市场信息方面深耕细作的咨询公司合作，或是使用相关商业软件附带的咨询服务功能，或是积极与高等院校、科研机构、产业联盟等外部资源合作，共享科技资源，协同开展技术创新。

二、分析能力

目前，我国八个电力现货市场试点均已投入试运行。各市场主体应当通过电力现货市场综合集成信息系统的应用，提升交易能力以驾驭市场风险。

电力现货市场交易运营辅助决策有赖于充分的数据支撑。当前大多数企业自身的数据积累较为有限，数据标准不统一，可利用性有待挖掘，数据缺口较大。随着业务发展，预计未来会有大量的数据接口的需求，系统建设时要充分考虑预留。

电力市场信息还大多局限于文档、电子表格或数据库。随着技术的发展，上下游企业及各市场主体将可以获取、存储和处理非常多不同的数据类型，包括从电子表格到图片、视频、录音、书面文字和传感器数据等各种类型。

电力市场信息分析必须成为所有上下游企业及各市场主体的重中之重，具有顶层优先级。而且和所有重大交易运营决策或投资一样，信息分析必须以明确的战略为起点，规划出企业自身未来的走向。

在众多电力市场信息中，结构化数据的某些优势是显而易见的：使用成本非常低廉，易于存储，且易于分析。尽管其性质是固化的，但非专业分析人员可以通过多种不同的方式查询和使用结构化数据。而且，结构化数据的功能依旧强大。非结构化和半结构化数据的特点在于数据量的充裕。从数量上看，非结构化和半结构化数据远远超过结构化数据。另一个重要的特点在于它们能够比传统的结构化数据提供更为丰富的电力市场全景信息。

在电力市场信息披露平台，备忘录、企业文件、电子邮件、文字报告、新闻稿件、客户记录、网站、社交媒体中，均存在着大量基于文本的数据。但直到最近，还很难充分利用这种类型的数据。尽管文本采用的是易于理解的结构，但是从分析角度看，文本数据则属于非结构化数据，不能无缝插入关系型数据库或电子表格的行和列中。因此，对电力市场庞大的文本数据集进行访问并改善分析技术，就意味着要通过分析文本，在文本表面含义以外提取出更有价值的额外信息。譬如，通过评估文本信息，可以了解客户积极反馈的数量变化规律，或是可能带来服务改进的商业模式。

上下游企业及各市场主体的内部数据包括目前拥有或是可能搜集到的各类信息。在格式上，内部数据可以是结构化的（如客户数据库或交易记录），也可以是非结构化的（如来自客户服务电话的会话数据）。它包括企业拥有的私有信息或专有数据，也就是说，只有企业自身才能控制对这些数据的访问。内部数据有很多种，但最常见的例子包括客户和员工调查数据、客户服务电话的会话数据、销售数据、财务数据、人力资源数据、客户记录及企业网站的数据（如访问者的数量）等。譬如，营销系统包含客户资料、设备记录等结构化数据，包含合同、身份证和其他扫描图片等格式文件的非结构化数据。

上下游企业及各市场主体的外部数据包括存在于企业以外多种多样的信息。外部数据可以是公开的（如某些政府数据）或由第三方拥有的数据，也可以是具有结构化或非结构化格式的数据。外部数据主要包括电力市场信息披露平台数据、社交媒体数据、趋势预测数据、经济数据和天气数据等。现成的数据集大量存在，包括公共及私人数据库在内的这些数据集可以满足一系列需求。但是，或许还需要匹配性更强的定制型数据集，凭借付费方式通过第三方供应商提供或搜集这些数据。

电力市场信息是上下游企业及各市场主体进行电力现货市场交易决策的基

础。只有运用新技术手段，对海量数据进行深度的加工和处理，发现并利用其中蕴含的重要信息，为企业决策者提供数据支撑，才能真正发挥电力市场信息的重要作用。

电力市场信息涉及的数据种类不仅繁多而且分散，如何采用正确合适的方法对这些海量数据进行搜集处理和分析，是制约企业电力现货市场交易决策的重要因素。因此，应当从数据来源分析入手，结合大数据的挖掘方法，探索如何从这些海量数据中找出潜在的模式与规律，以便为交易决策人员提供支持。

随着市场化经济的不断深入，客户对企业提供的产品和服务都提出了更高的要求，客户满意度将成为企业发展的重要因素，成为企业效益的根本源泉。

电力市场信息背后蕴含着客户越来越个性化、多元化的需求。电力现货市场对各类企业的业务内容、业务方式、业务质量等都提出了更为严峻的挑战，迫切需要加强对电力市场信息的分析能力，进而不断提升客户的满意度。

三、运用能力

信息战略不仅适用于广大上下游企业及各市场主体内部某些员工，还需要得到企业市场营销、客户关系、产品和人才战略等部门的同等重视。信息战略是各个部门取得成功的关键。

一家企业之所以能够成功地运用电力市场信息，必然是因为每个人都有权访问这些电力市场信息，都在电力现货市场交易运营过程中应用这些电力市场信息，并且利用其为决策提供依据。因此，最理想的情况是，使企业中的每个人都能访问电力市场信息，这样，他们就可以解读和应用数据，并据此在电力现货市场中做出更为合理的交易决策。所以，应当在整个企业范围内提供最广泛的信息访问权，鼓励人们使用信息为未来的电力现货市场交易运营业务决策提供依据。与此同时，在企业最高层面提供一个总体性指南，对电力现货市场交易运营的主导性趋势做出提示。当然，这一切都是为了保证关键信息能够被每个人理解。

为了更好地利用拥有的电力市场信息，具备某些技能是不可缺少的前提。

需要具备将电力市场信息和企业电力现货市场交易运营需求联系起来的能力，能够将信息中提取的关键内容传递给缺乏技术背景的人。

可以通过两条主要途径提高电力市场信息运用相关的能力。一条途径是提升内部人才实力，对外招聘电力市场信息研究人员，或者投资于培训企业的现有人才；另一条途径是将电力市场信息相关业务外包。

从信息战略角度来看，广大上下游企业及各市场主体提高信息运用能力的方法并非一成不变，需要从企业自身的电力现货市场战略目标以及从时间和预算等方面的制约出发。譬如，可以培养自己的部分员工，但也需要在内部人员具备相关能力的同时与外部合作伙伴开展合作。可以打造和培养与企业日常决策和交易运营完全匹配的内部数据技能，但是在业务开展过程中，可能也需要由外部人员承担一次性数据项目。无论是哪种情况，均应当从各项关键能力开始，找出当前企业电力现货市场交易运营的差距，然后列出弥补这些差距的任务清单。

第二节　电力市场信息搜集规划

电力市场信息搜集规划的关键点在于需要关注适用于广大上下游企业及各市场主体自身的信息，思考如何取得和搜集最为合适的信息，用来匹配电力现货市场交易运营的需求。获取电力市场信息的方式多种多样，每个企业应当选择适合自身的最佳方案，搜集真正需要并使企业更有价值的信息。采取最适合企业自身的方式，从电力市场信息中尽可能地挖掘更多价值。充分利用电力市场信息，采取全面的信息治理政策。

一、选择最佳方案

很多企业在使用第三方数据方面得心应手，而且成果斐然。数据供应商的兴盛表明，即使小规模的公司也会受益于数据。在电力现货市场交易运营过程中，如果企业的关键业务流程需要依赖于某些电力市场信息，或是打算依靠某些电力市场信息构建盈利模式，那么，最好还是应当拥有这些电力市场信息，而不是依赖第三方提供。电力市场信息必将成为各类企业电力现货市场交易运营模式中最为重要的一个组成部分。在这种情况下，各类企业拥有所依赖的这些电力市场信息也就成为理所应当的选择。各类企业必须将电力市场信息看作核心资产，就像员工、知识产权一样。

在任何可能的情况下，广大上下游企业及各市场主体必须确保拥有对电力现货市场交易运营至关重要的电力市场信息。使用自身拥有的内部数据显然较为轻松，但是对于外部数据，就不那么容易了。在电力现货市场交易运营过程中，如果不能独立搜集外部数据并求助于第三方供应商，那么企业一定要确保不要丧失数据访问权限，否则，电力现货市场交易运营业务就有可能受到严重的干扰。

随着电力现货市场建设的不断推进，电力市场信息将更加开放透明，会有越来越多的电力市场信息服务商通过搜集各个渠道的数据，为广大上下游企业及各市场主体进行整理加工，提供适应性的信息增值服务。同时，信息的及时性也成为信息服务的关键。

对于需要使用哪些电力市场信息，每个企业应当尽可能地做到具体明确。首先应当确定电力现货市场交易运营的当务之急和还未解决的业务瓶颈。然后，企业再去获取并分析适当的电力市场信息集合。

电力现货市场各类信息繁多、数据量庞大，分布也比较分散。对于单个市场主体而言，收集和存储这些信息的工作量都非常巨大，自身现有的系统远远不能满足需求。因此，开发一个综合信息处理平台迫在眉睫。

在高度信息化的社会环境中，各种各样的信息源（气象信息、地理信息、环境条件、交通状况等）都将被囊括进电力市场领域。并且，伴随着分布式电源和传统电网的结合，储能及需求侧响应的进一步发展，高级量测技术的广泛实施应用，智能终端所涉及的数据量也将飞速增加。电力市场领域会有越来越多的数据需要利用大数据技术进行分析和探索。

真正睿智的企业将建立自身的系统去自动采集或生成数据，这才是以最小投入搜集数据的明智方法。

广大上下游企业及各市场主体应当避免深陷于纷繁信息的喧嚣中而不能自拔。某些企业毫无节制地搜集信息，却并未真正考虑过应当如何处理这些数据。这种做法甚至有可能导致陷入法律纷争。最重要的是，每个企业在电力现货市场中都必须从战略开始，而不是从数据本身开始。

在电力现货市场中，好的信息战略并不取决于轻易拥有或是有可能得到哪些电力市场信息，而是在于企业想要达成的目标，以及电力市场信息如何能够帮助实现目标。

售电侧放开，电力市场参与主体呈现多元化、复杂化、海量化，市场交易量大大增加，如何对电力市场交易涉及的庞大数据进行有针对性的大数据分析，并不断提升自身服务水平和经营质效，成为各类主体日益重要的课题。

各类新型能源服务的工具和手段，都依赖于数据和业务的不断挖掘，才能最终实现用户体验和用户参与水平的提升。电力市场信息披露平台发布的信息以及自身积累形成的信息资产，将是企业主动迎接挑战的重要资源。

售电侧信息主要包括用户档案、购售电合同、用电计划、成交电量、电价等数据，用户的生产数据，天气预报数据；市场主体经营状况信息、司法诉讼数据，市场主体相关征信数据，社会关注热点数据等。

面对如此海量的数据，广大上下游企业及各市场主体成功的秘诀就是专注于能使企业收益最大化的具体数据。因此，从信息战略角度看，各类企业需要定义出有助于实现电力现货市场战略目标的理想数据集。然后，根据这些数据对于实现企业电力现货市场战略目标的帮助程度、访问或搜集的程度以及成本效益如何，就可以选择适合自身的最佳方案。

广大上下游企业及各市场主体应当综合采集和处理数据，利用实时处理和智能分析技术，创新商业模式。升级改造技术平台，高效采集电力市场信息，促进分析和利用非结构化数据。深入挖掘海量数据，为企业发展提供更多有价值的信息资源，实现业务管理的精细化。

在电力现货市场交易运营过程中，广大上下游企业及各市场主体的信息资源来源于各个业务环节，具有庞大的数据体量，数据类型丰富，能够促进企业的可持续发展。

在了解需要哪些信息资源之后，广大上下游企业及各市场主体的下一个任务就是确定如何访问或搜集这些数据。搜集数据的工具包括传感器、视频、电话以及社交媒体平台等。合适的工具取决于企业的电力现货市场战略目标，需要设计访问外部数据和搜集内部数据的主要方案。此外，还要考虑在什么时候搜集数据，是否为需要经常搜集的数据，以及为实现目标是否需要采用实时数据。

定制型数据搜集方式需要一套复杂的设备和技术网络，包括无线网络、智能手机、物联网传感器以及弹性通信协议等。在电力现货市场交易运营过程中，它所带来的竞争优势也是显而易见的。远见和开创意识能够促使一家企业为收集、分析和使用相关信息资源而构建相应的基础设施。搜集和运用这些信息资源在电力现货市场中所带来的各种效益，也会使这家企业深受裨益。

二、明确信息范围

出于各种各样的原因，某些企业已经开始大规模地获取它们偏好的数据。但是，获取的数据越多，为存储和分析数据的投入就越大，而且还有可能带来法律上的麻烦。

尤其是随着物联网的不断发展，广大上下游企业及各市场主体可以使用的数据获取方式越来越多，而且可以获取的数据种类也越来越多。尽管有些企业仍然希望尽可能地保存全部数据以备电力现货市场之用，但囤积数据的危险和囤积实物并无区别：堆积如山的垃圾，只会在需要的时候难以找到需要的东西。此类行为不仅耗费金钱和时间，还有可能成为电力现货市场交易运营的隐患。任何好的信息战略，都是只保留真正需要的东西。即使沃尔玛这样的数据巨头，也只是依赖前四周的数据规划日常的商品销售策略。

广大上下游企业及各市场主体应当深入研究电力现货市场的业务场景和数据范围，明确电力现货市场数据分析需求。针对不同的数据，提出针对性的电力现货市场分析工具。从根本上改变企业的经营管理和决策，帮助企业在电力现货市场中及时做出科学的业务决策。最大限度地满足企业的经营需求，提高企业的竞争力。

广大上下游企业及各市场主体必须开始思考如何获取最合适的数据匹配电力现货市场交易运营业务需求。如果打算使用数据改善电力现货市场交易决策，解决电力现货市场关键性业务问题，那么各类企业现在就需要获取有助于回答这些问题的数据。

信息战略的核心在于筹备完善的流程，从众多的电力市场信息中汲取有价值的内容，做出更加理智的决策以及为企业创造更多的价值。单纯为了信息而搜集信息没有任何意义。因此，在电力现货市场中，广大上下游企业及各市场主体不应无目的地囤积电力市场信息，而是要获取真正需要并让企业更有价值的信息。

因此，各类企业没有必要漫无边际地获取数据。尽可能获取为实现电力现货市场战略目标所需要的数据，才是更为明智的选择。尽管制定全面的信息战略会有助于在电力现货市场中做到这一点，但最重要的是不断审视这一战略，在电力现货市场交易运营过程中实现精益行动，并专注于实践结果。

广大上下游企业及各市场主体信息战略的终极目标，就是充分利用拥有的电力市场信息，并采取最适合企业自身的方式，在电力现货市场中尽可能挖掘出更多价值。一些企业完全可以创建一个独立的业务部门，专门从事运用电力市场信息发现商机和实现盈利。这无疑是一种睿智的选择，而且在未来几年将会在大中型企业中逐渐得到普及。

三、恪守搜集原则

对于广大上下游企业及各市场主体而言，谨慎而明智的做法就是采取信息精选原则，在方案范围内搜集电力市场信息。信息战略还应考虑到信息安全方面的因素，即必须避免信息发生丢失和受到侵犯。这些措施包括加密数据、建立监测和阻止信息侵犯行为的系统，以及为员工提供信息安全培训，避免泄露保密信息。

　　各类企业内外部系统的广泛互联和信息交互对信息安全提出挑战。数据的集中管理，尤其是涉及电力现货市场大量商业信息及客户信息，责任重大。

　　广大上下游企业及各市场主体应当只搜集和存储真正需要的数据。任何信息存储行为都需要耗费资金，而且任何企业的预算都不是无限的。因此，没有一个企业能够无止境地搜集和存储信息。此外，在电力现货市场交易运营过程中，过多的数据有可能成为巨大的风险隐患。数据丢失和侵犯的后果是所有企业必须考虑的。

　　一些企业正在跑马圈地，尽可能多地收集客户数据，期待能够为电力现货市场交易运营带来价值。尽管有些企业确实采取无所不包的方法取得成功，但它们要么是数据中间商，其主营业务就是搜集数据并出售给第三方，要么拥有雄厚的资金和人力，因而有足够能力处理庞大规模的信息。但对大多数电力行业相关企业而言，建议在深思熟虑的基础上，对海量电力市场信息采取更有针对性的方法。

　　广大上下游企业及各市场主体在制定信息战略时，尤其是在权衡各种信息存储方法和信息安全系统的优点和缺陷时，建议与电力市场信息安全专家进行充分协商。信息泄露可能会使企业承担法律成本和经济赔偿之类的巨大损失，并对企业的声誉造成损害。

　　随着数字化和互联网不断渗透到电力交易中的方方面面，广大上下游企业及各市场主体生成和存储的数据量呈现指数级增长态势。当电力现货市场中出现更多的数据时，数据盗窃或丢失的概率也随之增加。

　　恪守搜集原则意味着，清楚地认识到在每一步数据操作中面临的道德规范和法律要求，并采取切实有效的规则和流程管理每个步骤。

第三节　电力现货市场信息战略的实施

　　广大上下游企业及各市场主体的交易决策应当植根于电力市场信息，而不是依赖于直觉或假设。通过这些电力市场信息，各类企业能够深刻认知市场运行状况，预测市场未来走势，明确在电力现货市场中将要实现的目标，从而做出更为合理的抉择。通过信息的可视化及沟通技术，依靠电力市场信息获得的洞见，将能够清晰无误地传达给企业中的每位员工，带来积极行动。

一、实施计划的拟定

广大上下游企业及各市场主体应当制定信息战略实施计划，使每位员工认识到拥有电力市场信息带来的诸多优势及可能性，明确电力市场信息能够为企业带来的现实收益。

对于售电公司而言，需要从电力市场海量的数据中获取对自身发展有利的精准数据，还需要对数据进行分析，进而研究和获取客户的潜在需求。因此，售电公司必须打破既有的营销管理体系，根据实际情况制定方案，依据大数据分析结果探索潜在的客户需求，从客户角度关注电能消费特点，进而创新营销管理模式，保证提高服务质量，提升客户满意度。

通过大数据的提取和分析，详细了解潜在客户的消费需求和行为。精准定位消费群体，保证电力营销管理的针对性和精准性。针对已精准定位的客户群体科学建立相应营销策略，精准划分消费群体，定制个性化营销方案。构建综合集成信息系统，能够推动营销管理精准化进程，提高工作效率，不仅提高服务质量，还在一定程度上改变消费者市场。随着数据的精准化，客户分析不再局限于某一个群体，很可能将精确到个人消费者。面对这种发展趋势，未来电力系统的营销方案一定会变成个人消费者的个性化营销。

在电力现货市场交易运营过程中，广大上下游企业及各市场主体需要对宏观电力市场环境以及自身希望达成的目标深刻理解。每个企业都必须掌握有关的技能，当然，既可以招募新人才填补这些技术空缺，也可以在现有人才中培养这些能力，建立一支拥有在电力现货市场所需专业能力的团队。

每个企业应当明确希望通过电力市场信息实现的目标。另外，还应明确电力市场信息能够为企业在电力现货市场中带来的现实收益，即如何帮助改善交易运营业务，或是进行交易运营业务转型。同样重要的是，必须明确企业在电力现货市场中所需要的能力和其任何潜在的技能差距，以及如何主动缩小这些差距。最后，企业客观面对时间进度以及信息战略可能给业务带来的影响和成本，也是至关重要的。

当员工认识到这些电力市场信息对企业的价值时，他们就更有可能将电力市场信息纳入未来的电力现货市场交易运营业务决策过程中。但是，必须规划好如何使用电力市场信息，并让企业中的每个员工都能接受使用电力市场信息这一总体想法。

二、信息的充分利用

通过充分利用电力市场信息，对电力市场理解不断深入，广大上下游企业及各市场主体就可以做出更为理性的交易决策。在电力现货市场交易运营过程中，各类企业应当掌握三个关键性脉络：全面了解客户，从而更好地展开互动；识别电力市场发展趋势；了解电力市场竞争态势。将这些掌握的信息与企业自身进行分析比较，进而为交易决策提供依据。企业通过定期搜集有价值的信息，具体应用于电力现货市场交易实践之中，并建立以电力市场信息为基础的文化，就能在电力现货市场竞争中占得先机。

任何市场都具有不确定性，会存在风险。电力现货市场建设不断推进，政策、机制变化较快，其不确定性较其他市场尤其突出。在此形势下，若能获取充足、有效的电力现货市场交易运营信息，广大上下游企业及各市场主体就可以对其市场行为产生的结果做出预判，从而做出理性的交易决策。这在一定程度上可以削弱市场不确定性对市场成员产生的负面影响，进而降低市场风险。

市场主体在参与电力现货市场交易并进行交易决策时，需要考虑相关方供求情况、交易成本等问题，通过电力市场信息披露平台能够提供给市场主体相关信息，从而促进市场主体在电力现货市场中选择更优的交易策略和供求意向，促进电力资源优化配置。

合理的信息披露制度可以促进有效的市场竞争，引导电力市场交易形成良性的价格体系。当市场主体在电力现货市场中分析决策和开展交易时，不仅考虑成本控制和当前市场需求信息，还需要参考已往价格曲线和其他主体对市场的预期，对市场交易趋势的预期会影响后期市场交易的价格。通过电力市场信息披露平台发布的信息，可以引导参与主体的决策优化，保证市场交易价格的合理性，形成良性竞争的市场环境。

在电力现货市场交易运营过程中，市场主体为了提高交易中的收益，希望能够在交易决策时掌握更多的有价值的信息，取得更高的信息透明度。因此，在电力市场竞争环境下，市场主体会加大前期投入成本，获取相关信息并进行分析和挖掘，降低交易的风险。电力市场信息披露平台发布的信息，可以提高市场主体信息的有效传递，降低其信息获取成本，实现交易收益的多方优化，促进参与主体就交易价格达成一致。电力市场信息的披露使市场主体更加容易认清电力现货市场发展趋势，优化的交易结果可降低风险性，提高电力现货市场交易的效率。

对于电网企业、发电企业、售电公司和电力用户等市场主体，如果对电力市场信息予以充分利用，就能正确地判断市场竞争形势，并做出正确的决策。

当前，广大上下游企业及各市场主体在开拓电力市场、防范经营风险等方面面临的压力与日俱增，同时面临着客户减少、市场份额下降及人才流失的严峻挑战，对交易运营业务提出了更高的要求和新的挑战。对于各类企业而言，构建电力市场综合集成信息系统，充分利用内部、外部数据，对客户特点及需求进行分析，可以为制定交易运营方案提供数据支持、为企业抢占市场提供重要的数据支撑，从而提高企业经济效益，不断提升客户服务水平和服务质量。

随着越来越多的企业将众多电力市场信息视为业务商品，电力市场信息市场正在悄然形成。事实上，很多企业的核心业务就是向其他企业提供数据。

广大上下游企业及各市场主体可以通过成千上万种方案访问外部数据源，而且可选方案的数量每天都在增加。

社交媒体是获取信息的一个明显而重要的源泉。无须任何花费，广大上下游企业及各市场主体就可以通过社交媒体平台掌握客户在谈论什么，并确定这会产生怎样的影响。

社交媒体的分析可以对电力现货市场交易运营提供有价值的洞见，而且可以看到某位客户的具体评论。微博在这方面尤为透明。然后，将这些信息进行分析，从而为电力现货市场交易决策提供依据。竞争对手也可以搜集到同样的信息。在电力现货市场中，通过定期搜集具有价值的数据，并建立以这些电力市场信息为基础的决策文化，企业将会在市场竞争中占得先机。

社交媒体的兴起，可以让广大上下游企业及各市场主体从多维度对电力现货市场形成更为丰富的认识。随着对电力现货市场的理解不断深入，企业就可以做出更加理性的交易决策——让交易决策植根于电力市场信息，而不是依赖于直觉或假设。

趋势发现是信息的另一个常见用途。无论是电力行业趋势和客户行为趋势，或是其他有可能影响电力现货市场盈利的趋势，概莫能外。从本质上说，这个用途可以归结为使用这些信息预测电力现货市场的未来走势，从而帮助做出更为合理的电力现货市场交易决策。

对于了解竞争对手，各类企业所能做的事情，以往常常仅限于搜集行业新闻，或是通过浏览竞争对手的网站等方式搜集信息。但是，由于现在有关竞争对手的数据不计其数，它们的财务数据唾手可得，这些信息可以使企业比以往任何时候都更为容易地了解竞争对手。

假如适合的电力市场信息集合还不存在，那么企业必须设法生成和搜集这些电力市场信息。在很多行业，企业都在争先恐后地搜集新信息，并且试图将这些信息转化为价值。在这种情况下，最早搜集这些信息的企业往往会拥有明显的先发优势。

在电力市场改革深化过程中，建立对市场主体的信用评价体系尤为重要。信用评价内容包括但不限于：经营能力指标、财务状况指标、信用记录指标以及市场行为指标。健全的信用评价体系会对电力市场主体参与市场的行为给出适应市场发展方向的反馈，进而促进电力市场的良性发展。

市场建设初期，市场主体意识较为淡薄，违规成本低，易出现违规失信行为。信用评价信息的披露，可对相关失信行为形成约束。常见的信用评价主要是通过市场主体的基本条件、守信能力、守信意愿、守信表现、财务状况以及信用记录等指标，从多方面对市场主体的信用情况进行打分评价，并定期向市场主体公开。

对于电力用户而言，信用评价相关信息的披露，可以大幅增加售电公司的违规成本，有效降低由信用问题引起的市场风险。从目前来看，电力用户选择售电公司多依赖于由售电公司单方面发布的企业信息，但是，售电公司在宣传自身时多只单方面强调自身的竞争优势，因此电力用户缺乏渠道具体评估售电公司的全面信息，进而会在盲目选择售电公司的过程中面临较大的风险。同时，由于信息渠道相对单一，多数电力用户并不能及时了解售电政策的变更情况，既无法针对市场发展规律调整自身的购电决策，也无法合理地在市场中选择最佳的售电合作伙伴，不利于市场的健康发展。

对于售电公司而言，售电侧放开后，用户拥有自主选择权，可以向多个售电公司提出用电需求，合同签订需要满足一定的生效条件，售电公司有可能面临用户跑单的风险。合同签订后，售电公司在市场中也要面临电费回收的风险，由于对用户的所处行业、经营管理、信用水平并不能全面了解，如果用户发生经营不善造成了电费亏欠，不仅会拉低售电公司的资金到账率，造成利息损失等，严重的还会阻碍公司的正常健康运营，影响公司利润和员工收益。

售电公司与用户根据电力交易中心出具的结算凭证直接结算，售电公司要承担来自用户的结算风险。如果这些用户资金实力雄厚，那么电费缴纳违约率较低；但若用户行业发展受阻，电费管理不善，信用水平不高，履约意愿较弱等，将会降低电费缴纳违约率。

基于综合集成信息系统，售电公司能够搜集电力市场信息披露平台发布信息等各类信息资源，深入分析用户的电费缴费习惯、违约窃电情况以及信用评价等信息，建立客户质量评价模型，通过分析和筛选形成优质客户清单。同时，对客户信用进行评估，建立用户信用等级，根据其信用等级确定其电费缴纳方式，加强风险防控，提升企业风险控制能力。

电力行业每一个业务领域都蕴含着大量的信息，而且逐渐发挥其重要的影响力。对于广大上下游企业及各市场主体而言，应当以行业形势预判、数据价值的挖掘为目标，利用大数据核心关键技术，对电力市场信息充分利用，实现管理模式转变、服务理念的提升，从而完成转型升级，适应新的改革形势和外部环境。

三、信息的沟通传播

通过解读电力市场信息，广大上下游企业及各市场主体能够在电力现货市场中做出更有依据、更为明智的交易决策。企业员工相互之间信息沟通可以采取多种不同方案，其中包括简单的图形、文字报告、提高数据吸引力和可理解性的交易数据可视化平台。

任何值得信赖的电力市场信息分析师都必须全面深入地理解，是什么使电力现货市场交易业务保持运转，是什么给企业带来增长，以及企业是否正在沿着正确的方向前进。这要求理解企业电力现货市场交易运营的关键业务流程、目标与核心绩效指标，以及让企业超越竞争对手的优势所在。在电力现货市场交易运营过程中，沟通技能是实现电力市场信息价值最大化的一个重要组成部分，譬如，强大的人际交往能力、以清晰而富有说服力的方式展示电力市场信息分析结果的能力。

员工都希望能够参与到有关企业整体绩效的讨论中。这就意味着，必须在企业的各个层面上进行关键数据的沟通。为实现这个目标，企业就需要找到能帮它们更轻松、更有效地进行信息可视化的手段。电子表格显然还无法承担起这项工作的重任。可视化工具可以非常清楚地凸显出电力现货市场交易运营中重要的数据或结果，揭示出电力现货市场动态性趋势或是在较长时间范围内的数据比较。

针对较为复杂的沟通需求，可视化工具能够使电力市场信息变得更有吸引力，更易于理解。信息与分析技术的崛起带来了一大批新的可视化工具，它们不仅美化了电力市场信息分析的输出结果，还有助于加快对电力现货市场交易运营理解和领悟的速度。

为广大上下游企业及各市场主体选择正确的信息可视化及沟通工具，有助于将电力市场信息更好地融入企业自身的日常运营中。易于访问和理解的信息，也更有可能转化为电力现货市场的实际行动。必须在企业自身的各个层面进行电力市场关键信息的沟通，可视化工具可以非常清楚地将其凸显。依靠这些电力市场信息获得的洞见，就能够清晰无误地传达给企业中的每位员工。对洞见传播得越充分，这些电力市场关键信息就越有可能带来积极的行动，形成更为合理的电力现货市场交易决策。

第四节　通过信息战略打造电力现货市场的竞争优势

广大上下游企业及各市场主体应当专注于实现电力现货市场经营目标所需要的电力市场信息，利用其使企业自身的运营更为顺畅、更为高效。在电力现货市场交易运营过程中，企业在处理任何类型的信息时，都应将重点放在有助于业务增长的领域，分析"碳达峰、碳中和"目标下的发展机遇，考虑是否有机会利用这些信息创造更多的价值。

在制定信息战略时，应当随时掌握信息与分析技术可能在电力现货市场中带来的新机会，不断提高快速分析和决策能力，这是维持竞争优势的关键。

一、专注经营目标

对于众多上下游企业及各市场主体而言，数据控制带来的结果必然是收入、市场份额和利润的增加。谷歌、脸书和亚马逊等主宰行业的巨头无不是这方面的先行者，它们并不是简单地搜集大量信息，而是寻求以创新方式使用这些信息。为了避免淹没在信息海洋之中，广大上下游企业及各市场主体必须制定合理的信息战略，专注于实现电力现货市场经营目标所需要的数据。每个企业必须确定亟待解答的电力现货市场关键性业务问题，并且聚焦于搜集和分析那些有助于回答这些问题的信息。

在市场中，资源的任何配置都是特定决策的结果。而每个企业在电力现货市场中做出的任何决策都是基于给定的信息。如果信息能够被有效地传递，并有效地被企业所掌握，那么企业就能够根据所获得的信息在电力现货市场中做出科学的决策。从而在市场这只无形的手的调节下，资源配置能够达到最优化。

广大上下游企业及各市场主体应当专注于经营目标，在电力现货市场交易运营过程中，通过数据挖掘等技术深入挖掘并分析不同客户的需求，将最大限度地满足客户需求同提高企业经营效益统一起来。站在客户的立场，以客户为中心，及时主动满足客户需求，已成为在电力现货市场中企业的核心竞争点。电力改革环境下，每个企业必须建立信息战略，进行业务流程的变革以适应时代的要求。

一些企业被收购的原因是它们拥有将信息转化为商业洞见的能力，而这种能力赋予了企业价值。譬如，2014年，谷歌以超过5亿美元的价格收购了总部位于英国的人工智能企业 DeepMind，而被收购目标的吸引力就在于拥有强大的学习能力。谷歌很清楚，这种能力可以帮助其更好地利用数据，并获得领先于其他高科技巨头的竞争优势。

即使没有掌握大量的数据，但只要拥有搜集和分析数据的能力，就可以帮助提升企业的整体价值，并使投资者或收购者对其长期垂青。

数据挖掘的终极目标是预测。因此，如果企业拥有数据集并希望从中提取有助于电力现货市场经营目标的数据，那么，就需要进行数据挖掘。显然，强大的预测能力对于电力现货市场交易运营是有益的，它不仅可以降低成本、协助规划和战略，而且依靠数据挖掘取得的洞见很可能极大地助力于企业实现电力现货市场经营目标。

从数据挖掘中提取的洞见可以指导企业的电力现货市场交易决策过程，降低交易运营风险。数据挖掘可以指出电力现货市场交易运营模式、异常现象或者相互依赖关系，但是未必能够揭示这些模式、异常现象或相关依赖关系背后的原因，应当持续地进一步深入分析。

广大上下游企业及各市场主体可以依托大数据技术，整合各业务系统数据。获取海量的客户数据信息，建立客户的数据关联机制。结合国家政策、经济发展水平、地理环境等因素，对其进行分类、分区域、分行业的数据分析，深入了解不同群体的行为规律。

譬如，售电公司应当将关注点更多地定向于用户需求，针对不同类型的用户进行创新服务，通过综合集成信息系统，汇总分析客户需求以及客户投诉等信息，总结、提炼客户的问题。通过建立客户需求导向模型，对用户的需求进行可行性分析，从而提高服务质效；对于用户提出的问题，开展深入的诊断分析，提出有效的整改方法，并定时开展回访。

电力市场信息蕴含着巨大的价值，如何利用这些信息对于实现企业的经营目标具有重要的战略意义。

二、快速分析决策

在竞争非常激烈的电力现货市场，广大上下游企业及各市场主体维持竞争优势的关键是快速分析和决策能力。通过电力市场信息，各类企业能够进行电力市场趋势预测，发掘交易需求，识别客户。凭借坚实的综合集成信息系统及其出众的信息处理能力，企业就能够强化自身的竞争力。

随着电力现货市场的不断推进，企业的运营管理将面临很大的变化，传统的管理信息系统已远远不能满足交易业务管理的需求，业务流程和辅助决策的智能化将成为企业的核心竞争力。

在电力现货市场中，每天甚至实时应对现货市场的交易和结算，数据量、计算量巨大，人工操作无法胜任。现货市场报价必须在指定时间窗口内完成，从报价产生到提交需要快速的验证校核和批准流程。交易品种繁多、价格机制复杂、多要素关联，需要通过市场仿真进行分析预测、策略寻优、复盘评估，涉及海量数据和复杂的优化算法。

电网阻塞信息、发电机组信息、调度信息都是具有高变动性、高不确定性的信息，市场价格信息也会因为电力运行信息的变动而发生变动。在当前以中长期电力交易为主的电力市场中，以月度集中竞价为主的交易方式体现不出电力市场价格信息的高频率变化带来的不利影响，但是在电力现货市场中，必定需要能及时响应市场信息高频率变化的信息披露机制。对市场主体而言，价格成本信息的传输不及时、不准确，信息真实性未被详细验证，对价格信息没有合理严谨的描述和分析，则难以形成合理有效的报价对策。

通过综合集成信息系统，具备强大的电力市场信息搜集、分析及管理功能，并快速形成相关报表和报告，就能够提供全面翔实的市场分析及丰富的展现工具。

当前的信息分析处理能力较低，大量的信息资源没有被很好地利用，没有为决策支持提供及时的参考。电力现货市场加快推进，势必带来信息量爆炸式的增长，信息分析处理能力落后与信息快速增长之间的矛盾将更加突出，广大上下游企业及各市场主体亟需开展大数据技术的相关应用研究。

从上下游企业及各市场主体的角度而言，对海量电力市场信息的处理和分析是参与市场竞争必须要突破的关卡。在大数据时代的发展背景下，企业管理思路和管理方法都将焕然一新，产生质的飞跃。从战略决策管理到执行的全过程，企业通过数字化运营，能够提升管控能力和决策管理效率，进行更为高效合理的管理。

在电能的生产、分配和使用的各个环节都会有电力大数据的出现，企业需要对其进行跨单位、跨专业、跨业务的数据分析与挖掘。企业可以应用综合集成信息系统，通过数据创造价值，推动企业向新型可持续发展模式转变。

在电力现货市场交易运营过程中，上下游企业及各市场主体能够凭借综合集成信息系统搜集大量客户数据，并使用这些数据改善营销活动。依靠坚实的系统及其出众的数据处理能力，使得企业在整体上更具价值，也更有吸引力。

目前，很多企业正在因为其拥有的数据或数据处理能力而成为买卖的对象。IBM 以 20 亿美元收购气象公司就是一个例证。凭借这次收购，使得 IBM 可以访问气象公司拥有的庞大数据库，这些数据对很多行业和企业而言都是价值连城的。同样，微软也通过对领英的收购取得了职业人士社交网络的用户数据，这些数据为微软提供了对协作及生产力工具进行个性化开发的机会，强化了微软在企业市场中的竞争力。显而易见的是，能利用数据提振企业价值的不限于高科技或数据企业。

通过综合集成信息系统，上下游企业及各市场主体能够及时地了解到相关电力市场信息，快速进行现货市场分析与交易决策，从容面对现货市场变化。

三、实现业务增长

广大上下游企业及各市场主体将各类电力市场信息进行整合，并将其集中进行处理，就可以使更多的员工有能力在电力现货市场中进行业务分析并进行有效决策。通过电力市场信息的分析应用，企业可以实现更为精益的交易运营，能够为客户创造全新的价值，促进业务的增长。并且，各类企业通过附加服务及合作伙伴关系利用这些电力市场信息也是极具潜力的。

上下游企业及各市场主体通过构建统一的数据管理平台，能够促进信息资源共享，发挥信息的价值。以综合集成信息系统为基础，整合市场发展、经营活动、客户服务、资产运行等信息，各类市场成员能够深度挖掘各类信息中的潜在关系，从众多的分析评估指标中获取真实状况，掌握市场趋势，为决策者提供多方位的分析预测性数据，并据此安排生产经营，达到降低运营成本、合理参与交易、提高整体经济效益的目的，提升工作效率，为企业业务增长指明正确的方向。

譬如，售电公司依托综合集成信息系统，可以时刻关注众多客户需求和变化，快速响应，帮助其抢占市场，提高经营决策的科学性，促使电力用户合理用电，不断提升整体业务水平，保障整体运营效益，提高市场竞争力。

居民生活小区、工作办公楼、商场和其他公共的建筑设施都会使用到各种各样的储电、储热、储能、清洁燃料存储等分布式储能设备。除此之外，社会生活中还将存在一些其他分散的和性能受限的储能电池、不间断电源、电动汽车充放电桩等储能设施。这些设施都将产生难以计数的信息。通过大数据技术，可以将这些储能设备产生的信息统一搜集于一个数据仓库之中，及时对这些海量信息进行分析和处理，以便促进储能系统与新能源、电网的协调优化运行。

众多企业已经逐步意识到电力市场信息资源所带来的潜在效益。毋庸置疑，没有哪个企业愿意被排除在外。实际上，所有的企业都在不同程度上成为信息企业，即使是认为最不可能和信息联系起来的企业。

企业可以推行信息驱动型营销，利用综合集成信息系统，分析客户社交媒体的活动，并将其与特定的客户数据库进行比对。再结合其他数据，企业就可以更为精确地将这些客户和他们可能需要的产品与服务匹配起来。

企业将其操作的各类数据分析进行整合，并将所有这些数据作为一个集中数据库而非分散的数据源进行处理，就可以扩大业务，为其带来巨大价值。

高度专业化的细分行业数据也可能非常有价值。这些数据仅对特定客户群体有价值，但对这一群体而言，这可能是至关重要的信息。

因此，在处理任何类型的数据时，都应考虑是否有机会利用这些数据去创造额外的价值。这样的机会几乎存在于每个行业。譬如，酒店的预订网站可以向酒店出售增强型套餐：向酒店提供定价建议、访问细分信息或是关于哪些顾客更有可能预订酒店的意见。汽车制造商可以和保险公司合作，提供司机的行驶里程、经常出行的地点、是否在交通事故率较高的道路上行驶以及平均驾驶速度等数据。制造任何机器的公司都可以在它们生产的机器上安装传感器，以便于为那些购买和使用机器的人提供更多的信息。

因此，在电力现货市场交易运营过程中，广大上下游企业及各市场主体在制定信息战略时，应当随时掌握电力市场信息和分析技术可能带来的新机会。

除了改善上下游企业及各市场主体电力现货市场交易运营之外，电力市场信息还可以提供更好的产品和服务，从而改善客户供应。这可能意味着通过使用电力市场信息强化现有的产品和服务，从而为客户提供额外的价值，也可能意味着为客户创造一种全新的价值主张。

同样，如何使用与客户供应相关的数据，完全取决于企业的战略目标。企业应当将重点放在有助于业务增长的领域。

苹果公司在利用用户生成数据方面早已得心应手，并且苹果也一直热衷于建立合作伙伴关系，鼓励开发基于用户数据共享的应用程序。苹果公司还提供了一系列面向其他行业的应用程序，包括与 IBM 合作开发的航空旅行、教育、银行和保险等，旨在为这些领域的移动设备用户提供分析功能。

通过附加服务及合作伙伴关系利用这些额外数据的潜力将是巨大的。

在当今的信息市场竞争中，已然存在着在某些领域更为专业的信息服务商，占据相应的市场份额。类似电力工程公司、电力设备制造公司、节能服务公司、电务公司物业管理公司、服务性售电公司，甚至于天气预报、气象灾害预警等公共服务公司，它们依靠着某一特定的区域和行业特性，也掌握着核心的专业领域的信息，包括用户的相关信息。

信息服务商可以利用丰富且庞大的电力市场信息，运用大数据分析处理技术，梳理信息服务内容，进行不同范围信息的分割，通过提供不同的信息服务版本，更好地匹配上下游企业及各市场主体的需要，从而减少交易风险。信息服务商可以根据信息服务对象类型，设计差异化信息产品，快速响应用户多元化、个性化需求，构建电力市场信息的应用、咨询服务模式。非常多的电力市场信息资源可以通过信息服务商访问，这使广大上下游企业及各市场主体面对一个充满机遇的环境。

一些具有远见的企业已经开始执行全企业范围的信息战略，并致力于让所有员工参与到以信息驱动的电力交易决策和运营模式中。越来越多的员工开始接触电力市场信息，而且很多员工的日常工作就是和信息资源打交道。所有使用电力市场信息的员工，必须共同肩负起电力市场信息资源管理的责任，减少由于信息质量不高、过时或是不准确带来的经营风险，持续实现业务增长，在电力现货市场中维持竞争优势。

电力市场信息蕴含着巨大的价值。如何更好地利用这些电力市场信息，对广大上下游企业及各市场主体在电力现货市场中的业务发展具有很重要的战略意义。

随着新型电力系统构建的逐步推进，电力市场信息的作用将愈加突出，广大上下游企业及各市场主体需要将大数据等相关技术应用到企业交易运营的各个环节。通过充分挖掘电力市场信息的价值，能够为现货市场交易策略的制定、盈利模式的构建提供重要的支撑，提升企业的经济效益，推进企业业务持续增长。

第十一章

结　语

在电力现货市场中，拥有收集和利用电力市场信息的能力，以电力市场信息作为交易运营基础的企业必将极具竞争力。随着越来越多的企业开始通过电力市场信息获取丰厚价值，提出新的、创造性的电力市场信息应用方法正在成为众多企业的迫切需要。

随着"碳达峰、碳中和"进程的推进，传统电力系统向高度数字化、智能化、清洁化的方向演化。电力服务需求日益呈现多元化、低碳化、差异化。新技术蕴含着巨大的潜力，能够促进电力市场信息收集、分析与交易实践整合，为现货市场交易决策方法和商业模式提供具有价值的洞见，并提供具体的实施建议，有效提升服务能力，显著提高各类企业的交易运营效率。

真正明智的企业，必将是那些在电力现货市场中善于利用电力市场信息创造非凡价值的企业。

第一节　将信息战略付诸电力现货市场交易实践

新能源高占比、分布式能源大发展、储能密度大提高、互联网技术全普及、电动汽车广泛应用、多能源综合应用将是未来电力系统的重要特征。随着电力行业的发展，技术的不断成熟，新型市场主体将广泛涌现，并不断推动电力市场的改革与发展。

制定清晰的信息战略，有助于广大上下游企业及各市场主体在电力现货市场中确定关键性交易运营业务问题，并确定各项任务的轻重缓急，从而确保企业以最为有效的方式利用时间和资源。

如果广大上下游企业及各市场主体不能将电力市场信息转化为现货市场中的行动，并借此改善决策质量、完善企业运营、增加收入，那么制定信息战略、进行基础设施投资以及收集和分析数据都是没有意义的。只有当将信息战略付诸电力现货市场实践时，才能改善甚至彻底改造企业。

未来所有企业都将是信息公司。广大上下游企业及各市场主体都不能缺少电力市场信息，由此能够更多地了解客户、预测市场需求，提高交易运营效率，从中大受裨益。

即使是预算紧张的企业，也可以依靠相对便宜的云服务和开源软件作为信息战略的起步。电力市场信息的不断扩展，意味着广大上下游企业及各市场主体在电力现货市场中可以使用更多的崭新数据。更重要的是，其中很多数据都是可以免费访问的。因此，重点是深入挖掘真正需要的信息，并非照单全收。

广大上下游企业及各市场主体对于电力市场信息的应用亟需加强。电力市场信息对企业现货市场交易业务赋能还不充分，电力市场信息应用与现货市场交易业务结合不够紧密，电力市场信息驱动现货市场交易业务的作用发挥还不够。电力市场信息高价值应用成果缺乏，众多上下游企业及各市场主体对电力市场信息的认知、理解尚需深化。电力市场信息是社会经济运行的"风向标"，在支撑推进国家能源战略、服务社会发展等方面的应用有待加强。

电力市场信息技术支撑体系还不健全。广大上下游企业及各市场主体的电力市场信息技术研发布局尚未形成，电力市场信息技术基础还很薄弱，电力市场信息技术体系架构还不健全，协同运作机制尚需建立，专业研发队伍未形成体系，技术支撑不足。

电力市场信息技术体系对人工智能等新一代技术的融合应用不够，电力市场信息应用分析的关键技术的研发和应用需要提速，关于数字智能技术方面的研究储备不足。

对于广大上下游企业及各市场主体而言，创建强大的信息战略只是第一步，更重要的是在整个企业中合理执行此战略。成功的信息战略源于企业各层次对信息战略的接受程度，并切实认识到将电力市场信息置于现货市场交易决策和企业运营核心地位的重要性。企业的领导者应当在整个企业内创造一套强而有力的电力市场信息文化，将电力市场信息视为自身最关键的资产之一。

广大上下游企业及各市场主体应当致力于寻找创新方式，从不断膨胀的客户行为信息中洞察需求，预测电力市场发展趋势，获得竞争优势。

电力市场信息资源正在成为广大上下游企业及各市场主体拥有的一项越来越重要的资产，而成功通过电力市场信息盈利的能力则会改变企业的总体价值和利润。微软是一家软件巨头，苹果公司创造了世界上最具代表性的产品之一，亚马逊是零售平台，脸书是一个网络社交平台，而谷歌（尽管涉猎诸多领域）的核心则是媒体业务。它们的业务显然处于不同领域，且遵循不同的商业模式。将这些公司联系起来的，无非是它们收集和利用信息的能力。以信息为基础的企业很有可能将对更多传统工业巨头施以强大的竞争压力。

电力市场信息必将成为众多上下游企业及各市场主体核心竞争力的重要源泉；电力市场信息能够为企业创造更多的价值，有力提升组织效率，建成协同、高效的数字生态，支撑企业在电力现货市场中达成战略目标。

广大上下游企业及各市场主体应当立足企业发展实际需求，深挖电力市场信息应用价值，推动电力市场信息在经营管理、客户服务、业务创新等领域的深度应用，在电力现货市场交易实践中发现问题，更有效地支撑电力现货市场交易运营业务，提升电力市场信息资产价值，拓展发展格局。

一些创业公司正在悄然涌入电力市场信息服务市场。凭借一些简单易行的解决方案，就能够向广大上下游企业及各市场主体提供具有价值的洞见及可操作性强的实施建议。

电力市场信息服务市场亟需大批高素质、学识广博的信息分析师。在若干年之后，或将能够看到一个完全不同的场景——对电力市场信息分析师的需求不再远超供给。但至少现在，信息分析能力短缺还是广大上下游企业及各市场主体都要面对的现实。

第二节 近期发展新动向及特点

通过对国外电力市场的研究分析可总结出以下发展趋势：建立贴近实际运行状况的市场体系及交易机制，交易周期不断缩短；加速构建跨区跨国大范围电力市场，充分利用了区域间电源结构互济、负荷特性互补的优势；市场主体不断丰富，储能等需求侧资源逐步参与市场；市场价格信号进一步精确化，从而适应可再生能源带来的波动性；容量机制及电力辅助服务也在不断探索和优化中，以保证发电充裕度和系统运行安全，并进一步促进可再生能源消纳。

随着中国电力市场改革的不断深入，未来电力零售用户的范围将扩展至以家庭为最小单位的个人用户。目前，国际电力市场已经有相对成熟的面向个人零售用户的商业模式。中国电力市场改革需要结合中国国情，充分借鉴国外的经验，构建实现盈利的商业模式。

信息披露是电力现货市场高效有序运作的前提和保障，随着电力现货市场建设的不断推进，其重要性日益凸显。各市场运营机构应当紧密契合电力改革的发展趋势，全面加强电力市场信息披露相关工作，提高市场信息的公开度和透明度，不断提升市场服务品质。

信息与分析技术飞速发展，广大上下游企业及各市场主体的信息战略不可能一成不变。电力现货市场不断发展，企业经营目标不断变化，新的商业机会不断出现，信息战略同样需要与时偕行。好的信息战略必须跟随新技术的发现和企业需求的变化而同步发展。因此，在电力现货市场交易运营过程中，企业应当围绕新的业务问题，不断审视和更新信息战略，以满足自身持续变化的需求和挑战。

各大软件公司都在不断发布有关新型信息分析工具的消息，旨在帮助非程序员创建可用于查阅和分析商业数据的应用程序。随着新型信息分析工具层出不穷地连续推出，分析能力不断提高，众多企业的预测能力也会得到相应加强。

　　计算机观察、认识并与周围世界进行互动的能力在以惊人的速度增长着。随着数据量的持续膨胀，计算机的学习、理解和反应能力也在不断改进。大部分工作都可以由计算机完成，而且在决策过程方面实现自动化。

　　技术正在迅猛发展，我们正处于起步阶段，有可能影响到电力行业相关的所有产品、服务和企业。未来将会看到，这些脉络交相融汇，大数据分析、人工智能等技术创造出一个完全不同的电力生态世界。

　　随着联网设备的数量迅速扩增，信息交换及实时分析能力将带来巨大的价值。而随着机器学习能力的提高，机器可以更好地从数据中学习，并在无须任何人为输入的情况下根据信息修正其操作。在不远的将来，将会看到令人惊喜的发展动向。

　　大数据分析技术能够利用不同类型的数据，包括电子邮件、社交媒体的对话、照片、传感器数据、视频数据和语音记录等，并将这些数据和相对传统的结构化数据结合到一起。在电力现货市场交易运营过程中，广大上下游企业及各市场主体能够从丰富的电力市场信息资源中汲取更多的关键性商业洞见，而且这种能力远非以往所能及。

　　大数据分析等技术为众多企业提供了越来越多可供选择的分析方案。即便拥有很少的内部技术能力或是非常有限的资金预算，企业也不必担心找不到适合自身的电力现货市场交易运营方案。

第三节　展望电力现货市场的未来

　　未来，在商业分析软件中将有更多软件拥有指导性分析能力。在电力现货市场交易运营过程中，这些软件不仅能够预测市场参与者的行动，还能根据这些预测提出关于现货市场决策的具体建议。从信息及其分析应用的角度来看，当前正处于一个令人激动的变化时刻。在未来三年或五年时间内，技术或将给广大上下游企业及各市场主体带来目前还无法想象的可能性。

我们正在步入一个计算机以全新方式增强人类力量的时代。一系列将物理、数字和生物领域结合起来的新技术将影响到每一个学科、经济体和产业。这些新技术有着巨大的潜力，能够显著提高企业和组织的交易运营效率。

勇于接受这些新技术的第一批实践者，将会在电力现货市场中得到丰厚的奖励。那些极力规避变革风险的人只会成为无关紧要者。目前，广大上下游企业及各市场主体需要凭借创新在经营成果和市场形象等方面做到卓尔不凡。越来越多的企业必将开始挖掘信息以获得现货市场交易运营方面的洞见。

谷歌和亚马逊这样的巨头可以凭借其专有技术、雄厚的资金和先进的技术处理海量数据。它们拥有足够的存储能力、人力资源、分析技术和专用软件对所有信息进行挖掘，以获得有价值的洞见。当前大多数企业，即使是一些大型企业，达到这种程度都会具有一定的难度。当然，它们也没有必要立即做到这样。保持专注才是目前最为合理的选择，更为重要的是如何从战略角度使用能够拥有的信息。

无论是小型企业还是大型企业，在电力现货市场交易运营过程中，都要摆脱维持现状的思维定式，充分利用电力市场信息资源，制定交易策略，构建盈利模式，致力于现货市场交易运营业务的不断增长。

主要参考文献

［1］ 黎灿兵，康重庆，江健健，等. 电力市场监管中的信息披露与市场评估［J］. 电力系统自动化，2003，27（21）：1-6.

［2］ 银星仪. 我国电力市场信息披露制度研究［D］. 广州：暨南大学，2018.

［3］ 刘翊枫，胡广，刘江平，等. 基于信息接入的电力交易技术支持系统功能架构及应用研究［J］. 中国电业，2019（11）：26-31.

［4］ 江健健，康重庆，夏清. 信息披露机制对市场效率的影响［J］. 电力系统自动化，2007，31（6）：11-16.

［5］ 丁恰，昌力，涂孟夫. 电力现货市场技术支持系统关键技术探讨［J］. 电力系统自动化，2018，42（23）：7-14.

［6］ 孙珂，夏清. 信息披露有效性与电力市场交易模式的选择［J］. 电力系统自动化，2008，32（6）：60-65.

［7］ 白杨，谢乐，夏清，等. 中国推进售电侧市场化的制度设计与建议［J］. 电力系统自动化，2015，39（14）：1-7.

［8］ 邹鹏，陈启鑫，夏清，等. 国外电力现货市场建设的逻辑分析及对中国的启示与建议［J］. 电力系统自动化，2014，38（13）：18-27.

［9］ 马子明，钟海旺，李竹，等. 美国电力市场信息披露体系及其对中国的启示［J］. 电力系统自动化，2017，41（24）：49-57.

［10］ PJM Introduction［ER／OL］.［2020-08］. https：//www. pjm. com.

［11］ ISO-NE Introduction［ER／OL］.［2020-08］. https：//www. iso-ne. com.

［12］ NYISO Introduction［ER／OL］.［2020-08］. https：//www. nyiso. com.

［13］ CAISO Introduction［ER／OL］.［2020-08］. https：//www. caiso. com.

［14］ ERCOT Introduction［ER／OL］.［2020-08］. https：//www. ercot. org.

［15］ SPP Introduction［ER／OL］.［2020-08］. https：//spp. org/about-us/.

［16］ AEMO Introduction［ER／OL］.［2020-08］ https：//www. aemo. com. au.

［17］ Nord Pool Introduction［ER／OL］.［2020-08］ https：//www. nordpoolgroup. com.

［18］ 曾鸣，杨雍琦，李源非，等. 能源互联网背景下新能源电力系统运营模式及关键技

术初探［J］. 中国电机工程学报，2016，36（03）：681-691.

［19］ 孙宏斌，郭庆来，潘昭光. 能源互联网：理念、架构与前沿展望［J］. 电力系统自动化，2015，39（19）：1-8.

［20］ 王毅，陈启鑫，张宁，等. 5G 通信与泛在电力物联网的融合：应用分析与研究展望［J］. 电网技术，2019，43（05）：1575-1585.

［21］ 张钦，王锡凡，王建学，等. 电力市场下需求响应研究综述［J］. 电力系统自动化，2008（03）：97-106.

［22］ 王轲，钟海旺，余南鹏，等. 基于 seq2seq 和 Attention 机制的居民用户非侵入式负荷分解［J］. 中国电机工程学报，2019，39（01）：75-83，322.

［23］ HUANG A Q，GROW M L，HEYDT G T，et al. The Future Renewable Electric Energy Delivery and Management（FREEDM）System：The Energy Internet［J］. Proceedings of the IEEE，2011，99（01）：133-148.

［24］ WANG K，XU C，ZHANG Y，et al. Robust Big Data Analytics for Electricity Price Forecasting in the Smart Grid［J］. IEEE Transactions on Big Data，2019，5（01）：34-45.

［25］ PALENSKY P，DIETRICH D. Demand Side Management：Demand Response，Intelligent Energy Systems，and Smart Loads［J］. IEEE Transactions on Industrial Informatics，2011，7（03）：381-388.

［26］ YANG B，ZHONG H，XIA Q. Real-time Demand Response Potential Evaluation：A Smart Meter Driven Method［C］. IEEE Power and Energy Society General Meeting，Boston，MA，2016：1-5.

［27］ MA Z，ZHANG H，XIA Q. A Block-of-Use Electricity Retail Pricing Approach Based on the Customer Load Profile［J］. IEEE Transactions on Smart Grid，2020，11（02）：1500-1509.

［28］ GUAN X H，HO Y C，LAI F. An Ordinal Optimization Based Bidding Strategy for Electric Power Suppliers in the Daily Energy Market［J］. IEEE Transactions on Power Systems，2001，16（04）：788-797.

［29］ RUAN G，ZHONG H，SHAN B，et al. Constructing Demand-Side Bidding Curves Based on A Decoupled Full-Cycle Process［J］. IEEE Transactions on Smart Grid，2020，Early Access.

［30］ MA Z, ZHONG H, XIE L, et al. Month Ahead Average Daily Electricity Price Profile Forecasting Based on A Hybrid Nonlinear Regression and SVM Model：An ERCOT Case Study ［J］. Journal of Modern Power Systems and Clean Energy, 2018, 6 (02)：281-291.

［31］ LI T, SHAHIDEHPOUR M, LI Z. Risk-Constrained Bidding Strategy With Stochastic Unit Commitment ［J］. IEEE Transactions on Power Systems, 2007, 22 (01)：449-458.

［32］ LI T, SHAHIDEHPOUR M. Risk-constrained FTR Bidding Strategy in Transmission Markets ［J］. IEEE Transactions on Power Systems, 2005, 20 (02)：1014-1021.

［33］ WANG J, ZHONG H, XIA Q, et al. Robust Bidding Strategy for Microgrids in Joint Energy, Reserve and Regulation Markets ［C］. IEEE Power & Energy Society General Meeting, Chicago, IL, 2017：1-5.

［34］ ZHANG G, ZHONG H, MA Z, et al. A Fast Algorithm to Calculate LMP Difference Caused by Virtual Bidding in Day-ahead Electricity Market ［C］. International Conference on Power System Technology, Guangzhou, 2018：849-855.

［35］ MASHHOUR E, MOGHADDAS-TAFRESHI S M. Bidding Strategy of Virtual Power Plant for Participating in Energy and Spinning Reserve Markets—Part Ⅰ：Problem Formulation ［J］. IEEE Transactions on Power Systems, 2011, 26 (02)：949-956.

［36］ WANG J, ZHONG H, TANG W, et al. Optimal Bidding Strategy for Microgrids in Joint Energy and Ancillary Service Markets Considering Flexible Ramping Products ［J］. Applied Energy, 2017, 205：294-303.

［37］ 刘敦楠, 唐天琦, 赵佳伟, 等. 能源大数据信息服务定价及其在电力市场中的应用 ［J］. 电力建设, 2017, 38 (02)：52-59.

［38］ 熊太纯. 信息服务业运营模式创新的理论与实践研究 ［J］. 图书情报工作, 2012, 56 (22)：112-116.

［39］ 姚伟, 张榕榕, 刘丽敏, 等. 现代信息服务业的创新模式研究 ［J］. 图书情报工作, 2015, 59 (17)：47-55.

［40］ 吴应良, 王小利, 陈德美. 信息生态学视野中的现代信息服务业区域一体化发展模式：一个研究框架 ［J］. 科技管理研究, 2013, 33 (11)：112-117, 123.

［41］ 张晨然. 大数据背景下信息服务业的商业模式分析 ［J］. 中国市场, 2016 (28)：

149-151，166.

[42]　游义刚，周晓阳. 电力市场的信息范式［J］. 电力系统及其自动化学报，2007（06）：88-92.

[43]　吴育良. 国外智库信息服务的分析及启示［J］. 情报杂志，2015，34（02）：188-193.

[44]　国家能源局. 电力现货市场信息披露办法（暂行）［EB/OL］. （2020-11-06）http://zfxxgk. nea. gov. cn/2020-11/06/c_139573026. htm.

[45]　范斌，姚瑜，赵志芳，等. 美英电力市场信息披露机制及其对中国的启示［J］. 价格理论与实践，2018（01）：78-81.

[46]　刘祥瑞，张茂林，王睿琛，等. 电力市场监管的信息披露机制以及云南电力市场实践经验［C］. 中国电机工程学会电力市场专业委员会 2019 年学术年会暨全国电力交易机构联盟论坛，2019：11-16.

[47]　YANG Y，BAO M，DING Y，et al. Review of Information Disclosure in Different Electricity Markets［J］. Energies，2018，11（12）：1-20.

[48]　JIN L，CHEN C，WANG X，et al. Research on Information Disclosure Strategies of Electricity Retailers under New Electricity Reform in China［J］. Science of the Total Environment，2020，710.

[49]　CHRISTOF T，DOMINIK S，MARKUS K. Reliable Disclosure Information for European Electricity Consumers［R］. Reliable Disclosure Systems for Europe Project，2012.

[50]　李华强，李旭翔，阚力丰. 能源互联网背景下综合能源服务市场运营模式及关键技术［J］. 工程科学与技术，2020，52（04）：13-24.

[51]　刘鑫，吴红斌，王鲸杰，等. 市场环境下考虑需求响应的虚拟电厂经济调度［J］. 中国电力，2020，53（09）：172-180.

[52]　薛辉，贾清泉，王宁，等. 基于 PMU 量测数据和 SCADA 数据融合的电力系统状态估计方法［J］. 电网技术，2008（14）：44-49.

[53]　XU D，HE W，LI S. Internet of Things in Industries：A Survey［J］. IEEE Transactions on Industrial Informatics，2014，10（04）：2233-2243.

[54]　王继业，张崇见. 电力信息资源整合方法综述［J］. 电网技术，2006（09）：83-87.

[55]　崔勇，张茜，吴桂芳，等. 能源互联网终端无线接入技术研究［J］. 电力信息与通

信技术，2020，18（03）：1-7.

[56] KU T, PARK W, CHOI H. IoT Energy Management Platform for Microgrid［C］. IEEE 7th International Conference on Power and Energy Systems，Toronto，2017：106-110.

[57] 尤肖虎，潘志文，高西奇，等. 5G 移动通信发展趋势与若干关键技术［J］. 中国科学：信息科学，2014，44（05）：551-563.

[58] 朱想，居蓉蓉，程序，等. 组合数值天气预报与地基云图的光伏超短期功率预测模型［J］. 电力系统自动化，2015，39（06）：4-10，74.

[59] 毕天姝，刘灏，杨奇逊. PMU 算法动态性能及其测试系统［J］. 电力系统自动化，2014，38（01）：62-67.

[60] WANG J, ZHONG H, WU C, et al. Incentivizing Distributed Energy Resource Aggregation in Energy and Capacity Markets：An Energy Sharing Scheme and Mechanism Design［J］. Applied Energy，2019，252.

[61] WANG J, ZHONG H, QIN J, et al. Incentive Mechanism for Sharing Distributed Energy Resources［J］. Journal of Modern Power Systems and Clean Energy，2019，7（04）：837-850.

[62] 涂子沛. 数据之巅：大数据革命，历史、现实与未来［M］. 北京：中信出版社，2014.

[63] 吴军. 智能时代：大数据与智能革命重新定义未来［M］. 北京：中信出版社，2016.

[64] 陈小鹏. 大数据与指挥信息系统［M］. 南京：南京大学出版社，2019.

[65] 艾博年，曼宁. 商业新模式——企业数字化转型之路［M］. 邵真，译. 北京：中国人民大学出版社，2017.

[66] 施玛泽. 大数据：从概念到运营［M］. 钱峰，译. 北京：中信出版社，2016.

[67] 弗兰克斯. 驾驭大数据［M］. 黄海，车皓阳，王悦，等译. 北京：人民邮电出版社，2013.

[68] 马尔. 数据战略［M］. 鲍栋，译. 北京：机械工业出版社，2019.

[69] 迈尔. 舍恩伯格，库克耶. 大数据时代［M］. 盛杨燕，周涛，译. 杭州：浙江人民出版社，2013.

[70] 钟泽波. 电力市场信息发布系统设计与实现［D］. 成都：电子科技大学，2019.

[71] 韩强，刘琰，丁乐群，等. 信息披露对发电商竞价策略影响分析［J］. 能源技术经济，2012，24（07）：27-32.

［72］ 陈家庚，林哲敏，李永波，等. 电力零售市场信息披露机制研究与探讨［J］. 电力系统自动化，2018，42（17）：168-174.

［73］ 高怡静，肖艳炜，杨朋朋，等. 基于强化学习的电力市场信息披露程度对市场成员交易行为影响研究［J］. 智慧电力，2020，48（02）：109-118.

［74］ 江健健，康重庆，夏清. 电力交易计划的关键信息及合理性判据［J］. 电力系统自动化，2007，31（05）：34-39.

［75］ 李瑞庆，刘敦楠，何光宇. 电力市场运营监管信息系统［J］. 电力系统自动化，2004，28（14）：18-22.

［76］ 方艺，曹荣章，吴军. 电力市场即时信息发布技术［J］. 电网技术，2000（08）：36-39.

［77］ 张宇波，罗先觉，薛钧义. 非完全信息下电力市场中电厂机组出力优化的改进古诺模型［J］. 中国电机工程学报，2003，23（06）：7-12.

［78］ 北京电力交易中心有限公司. 北京电力交易中心 2019 年电力市场年报［M］. 北京：中国电力出版社，2020.

［79］ 北京电力交易中心有限公司. 北京电力交易中心 2020 年电力市场年报［M］. 北京：中国电力出版社，2021.

［80］ 广州电力交易中心发布《2019 南方区域电力市场年报》［EB/OL］. https://www.gzpec.cn/main/indexnew.do?method＝load&INFOID＝2691225632263491&INFOTYPE＝3&SUBTYPE＝.

［81］ 秦芳丽. 大数据技术在营销客户服务中的应用及研究［J］. 中国信息化，2018（07）：74-77.

［82］ 唐天琦. 售电侧放开后电力市场交易面临的风险及对策研究［D］. 北京：华北电力大学，2017.

［83］ 赖征田，万涛，徐伟杰，等. 电改下售电云平台信息化研究［J］. 电子技术应用，2016，42（s1）：280-285，289.

［84］ 邵平，赵肖旭，耿玲娜，等. 电力大数据在售电企业中的应用与推广［J］. 企业科技与发展，2019（11）：136-137.

［85］ 张涛. 电力大数据在售电企业中的应用与推广［J］. 中国电力企业管理，2019，22：78-79.

[86] 王中荣，任博强，畅雅迪，等. 电力零售市场的信息披露机制研究与探讨［J］. 中国商论，2020（05）：14-15，18.

[87] 王芮. 基于大数据的精准营销策略研究［J］. 信息周刊，2020，3：241.

[88] 刘睿智. 基于大数据的能源互联网市场交易评估模型［D］. 北京：华北电力大学，2017.

[89] 任莹. 售电交易运营平台建设方案研究［J］. 吉林电力，2017，45（06）：29-31，53.

[90] 程婧. 电力现货市场下发电集团统建营销信息系统的构想［J］. 现代经济信息，2019，33：115-117.

[91] 宋永华，包铭磊，丁一，等. 新电改下我国电力现货市场建设关键要点综述及相关建议［J］. 中国电机工程学报，2020，40（10）：3172-3186.

[92] 张嘉瑜. 基于电力大数据市场时代营销策略的探索与实施［J］. 环球市场，2019（05）：101.

[93] 鲁由明. 电力企业信息披露及其监管［J］. 中国电业，2007（08）：56-57.

[94] 张世帅，张学松，孔庆云，等. 电力市场多维定向信息发布技术研究［J］. 电网技术，2008，32（02）：18-22.

[95] 刘成俊，张步涵，刘赛. 发电侧电力市场中即时信息发布系统的研究［J］. 长沙电力学院学报（自然科学版），2002，17（04）：38-40.

[96] 郎怡文. 电力改革环境下售电营销策略研究［D］. 广州：华南理工大学，2017.

[97] 张显，史连军. 中国电力市场未来研究方向及关键技术［J］. 电力系统自动化，2020（16）：1-11.

[98] 丁一，谢开，庞博，等. 中国特色、全国统一的电力市场关键问题研究（1）：国外市场启示、比对与建议［J］. 电网技术，2020（07）：1-10.

[99] 叶青，拓广忠，张勇. 电力市场交易信息发布体系及其运作模式研究［J］. 华北电力技术，2009（12）：1-4.

[100] 曹小鹏，唐煜，张莹. 电力交易信息发布平台研究与设计［J］. 计算机技术与发展，2018，28（07）：192-195，199.

[101] 赵家保，杨菲菲. 对我国证券市场会计信息披露的思考［J］. 华东交通大学学报，2002，19（02）：93-95.

后 记

在电力现货市场中，像大数据分析、人工智能等技术，必将成为交易决策和业务运作中的重要组成部分。这些技术目前并未在众多上下游企业及各市场主体中普遍使用，每个企业的领导者都应当意识到高级分析技术的巨大潜力。

在构建以新能源为主体的新型电力系统过程中，考虑到新技术的发展速度，大数据分析、人工智能等技术必将会对电力行业及其企业内部运行带来重大影响，广大上下游企业及各市场主体都应予以了解、掌握。对于电力现货市场交易运营而言，这意味着计算机系统能够实施越来越复杂高端的任务，进而转化为电力现货市场交易决策能力的提升。整合诸多来源的电力市场信息，并结合相应的分析方法，可以使电力现货市场交易决策和业务运营的依据尽可能完备充分。

电力生态世界正在越来越多地由信息驱动。对于那些及早认知这个现实，据此规划并制定了一个强有力的电力现货市场信息战略的企业而言，未来则会为它们提供难得的机遇，使其成为站在电力现货市场金字塔之巅的公司。

2020 年 11 月《电力现货市场信息披露办法（暂行）》（国能发监管〔2020〕56 号）的印发是一个分水岭。通过电力市场信息，广大上下游企业及各市场主体能够更为深刻地了解电力现货市场环境与相关客户，助力"碳达峰、碳中和"目标的实现，提供更加优质的服务，满足多维度的各类需求。电力市场信息能够帮助企业更加有效地开展电力现货市场交易运营业务，使更多的企业能够不断调整改变其交易策略与盈利模式，创造出之前无法企及的全新收益。在电力现货市场中，对于类型各异、规模不同的诸多上下游企业及各市场主体而言，这必然是一个欢欣鼓舞的时刻。新的帷幕正在缓缓拉开，希望本书能够帮助广大上下游企业及各市场主体成为舞台的主角。

叶青

2021 年 6 月 20 日